U0507441

史玉柱独门生意经

和巨人史玉柱共同探寻生意里的那些事

孙向杰◎编著

群言出版社
QUNYAN PRESS
·北京·

图书在版编目（CIP）数据

史玉柱独门生意经 / 孙向杰编著. —— 北京：群言出
版社，2016.5
ISBN 978-7-5193-0114-9

Ⅰ.①史… Ⅱ.①孙… Ⅲ.①史玉柱–生平事迹②企
业管理–经验–中国 Ⅳ.①K825.38②F279.23

中国版本图书馆 CIP 数据核字（2016）第 093241 号

责任编辑：朱前前
封面设计：孙希前

出版发行：群言出版社
社　　址：北京市东城区东厂胡同北巷 1 号 （100006）
网　　址：www. qypublish. com
自营网店：https：//qycbs. tmall. com（天猫旗舰店）
　　　　　　http：//qycbs. shop. kongfz. com（孔夫子旧书网）
　　　　　　http：//www. qypublish. com（群言出版社官网）
电子信箱：qunyancbs@ 126. com
联系电话：010 - 65267783　65263836
经　　销：全国新华书店
法律顾问：北京天驰君泰律师事务所

印　　刷：北京毅峰迅捷印刷有限公司
版　　次：2016年10月第1版　2016年10月第1次印刷
开　　本：710mm × 1000mm　1/16
印　　张：15
字　　数：222 千字
书　　号：ISBN 978-7-5193-0114-9
定　　价：35. 00 元

【版权所有，侵权必究】

前　言

提起史玉柱，人们无不为他的传奇经历所折服。1989 年，他拿着借来的 4000 元钱开始创业，短短六年时间便登上《福布斯》中国大陆富豪排行榜第 8 位，被当时的年轻人所追捧。然而，在珠海巨人集团倒闭后，他成了中国最穷的人，负债达到 2.5 亿元。从"首富"到"首负"，史玉柱只用了 3 年时间。

很多人认为，史玉柱这次是彻底完了。但是就在两年后，史玉柱凭借家喻户晓的脑白金、黄金搭档、征途、黄金酒等品牌，用短短十年的时间，又挣到了数百亿元的财富，再次成为富豪。

很多人都在问，史玉柱为什么能够东山再起，史玉柱凭什么东山再起？是靠资金吗？不是，因为史玉柱失败后连打车的钱都没有，复出时手头虽然有 50 万元人民币，做个小生意的启动资金是够了，但史玉柱做的是保健品，瞄准的是全国市场，对大部分保健品公司来说，50 万元人民币无异于杯水车薪，打个广告就没有了。

史玉柱的大起大落，是一个市场神话，也是一个营销的神话。

在营销学界，几乎每一个人都在关注史玉柱在市场上的奋斗经历和事业发展，并将"巨人大厦""脑白金""黄金搭档"和"征途"网游等案例作为市场营销教学中的经典案例进行研究。所有人都试图通过发生在史玉柱职业生涯中大大小小的故事和他本人的成长经历，去挖掘"神话"背后独特的与营销相关的——我们称之为"史式营销"中精髓性的东西。

可是，现在国内营销界存在着一个很要命的问题：很多的企业都是用做销售的方式去做市场，把销售行为当成了营销行为，而很少是真正用营销的方式来做市场。

这就是我们研究史玉柱营销神话的意义所在。可以说，史玉柱为我们提供了一种营销的思路和模式，能够帮助大家从激烈竞争的红海市场中摆脱出来。

那么，史玉柱的营销到底有什么秘密？"史式营销"到底有什么独到之处？《史玉柱独门生意经》将为你解答这一切。

目 录

第三章　管理良策：管理也有人情味

第四章　团队建设：团队是最大的财富

第五章　领导能力：员工是公司命脉

第一章
商业机遇: 把你的客户研究透

　　史玉柱1997年前由于巨人网络欠下了2.5亿元的债,脑白金、黄金搭档系列保健品不仅让他还清了所有的外债,而且还让他在2003年将挣回来的钱投入了民生银行、华夏银行,获得了价值100亿元的股票。有了现金,史玉柱投入了有巨大市场空间的网络游戏,如今大家很熟悉的《征途》网游,在研究透彻玩家的前提下,其在网络游戏行业一路创新,现在公司即将上市,并被福布斯估计有500亿元的身价。这一切的成功经验,来源于第一次失败的教训,使其养成了做任何项目都必须要透彻地研究消费者。

谁买我的产品，我就研究谁

孙子兵法里说，知己知彼，方能百战不殆。只有弄清楚自己的企业到底需要什么，消费者到底需要什么，才能找到适合自己的营销手段。

史玉柱认为，营销没有专家。要做好一个产品，在前期论证阶段必须有大量的时间泡在消费者当中。史玉柱由此培养了一支队伍，要求他们每个月必须至少要跟100个消费者进行深度交谈。这是脑白金虽然连续5年被评为"十差广告"之一、但仍能保持一定销售额的主要原因。

所以，从根本上说脑白金的成功正是史玉柱对消费者的深入研究获得成功的典型案例。由此我们发现，史玉柱的绝招是，卖什么并不重要，关键是要满足消费者的需求，可以是身体的需求，也可能是心理的需求。

也许有人会认为，"能把梳子卖给和尚"的人，才是营销的天才。世界上一位著名的营销大师在一档节目中也表示，"能把梳子卖给和尚的人，才是真正的营销天才，是因为那里的市场更大"。

经历了人生最低谷的史玉柱显得保守而谨慎，他曾说过，自从"三大战役"失败之后，自己就养成了一个习惯，谁消费他的产品，他就要把谁研究透。一天不研究透，他就痛苦一天。

所以，史玉柱在开始卖脑白金之前，就针对产品的市场需求做了深入地调研。他并没有像常人想象的那样，首先动用他擅长的广告营销，而是开始了对当地消费者深入调查和了解。

后来有文章说，那些年，在江阴市的大街小巷，那个戴着墨镜、个子很高，但是身体很瘦，走村串镇，挨家挨户寻访的年轻人就是史玉柱。

白天，社区里的年轻人都出去工作了，在家的都是些老头、老太太，半天见不到一个人。史玉柱一去，这些人就终于找到了一个可以说话的人，于是，史玉柱就搬个板凳坐在院子里跟他们聊天。

在和老头、老太太拉家常的过程中，史玉柱开始了他的市场调查。他问这些留守的老人，吃过保健品吗？如果可以改善睡眠，是否会买？……调查的结果是，保健品很多老人都想吃。但现实的问题是，一般的老人比较节俭，舍不得花大钱购买保健品。

这些老头老太太告诉史玉柱，自己舍不得花钱，所以吃完保健品后会故意把空空的盒子放在显眼的地方，以暗示子女保健品已经没有了。但是儿女们想的不是钱的问题，他们只希望保健品效果好、有用，不会太计较价钱。

种种迹象让史玉柱大受启发，他敏感地意识到这个市场里存在很大的商业机会，只是没有被开发出来。于是脑白金销售之初便打出了"今年过节不收礼，收礼只收脑白金"的广告语，通过满足儿女们对老人的孝心、亲情，来促成产品的销售。正好解决了保健品市场消费者与买单者脱节的问题。

至于后来对于网游市场的营销，史玉柱曾一再向媒体表示："很落后，这个行业最不重视对消费者的研究。"

在网络游戏界几乎没有一个领军人物能够像史玉柱那样玩游戏一玩就是20多年。并且史玉柱喜欢在游戏中与玩家交流，听取玩家的意见和建议。从这个角度来说，正如一些媒体报道中所说的那样，玩家在不经意间已经享受到世界上身价最高的"客服"服务。

人生秘方

> 在我这里就三门知识能赚钱——生物、哲学、历史。生物学研究人是什么，哲学研究人为什么，历史研究人能干什么……生意就是研究人的，把人研究透彻了，生意就通了！

知道客户想要什么

一句"今年过节不收礼，收礼只收脑白金"的广告词在各地卫视的播出，短短数年时间就红遍大江南北。然而大家不了解的是脑白金为什么这么火。

在脑白金上市前，史玉柱与300位潜在消费者进行了深入的交流，对市场营销中可能遇到的各种问题摸了个通通透透。

终于，史玉柱心里有底了，他信心十足地在公司对大家说："行了，我们有救了。脑白金这个产品年销售额很快就能做到 10 亿元。"

脑白金能畅销不衰的原因在于，它不仅是一种产品，而是留在消费者心中的一个梦想。而这个梦想，是史玉柱给这个产品起了一个好名字。它给人们传达了一种思想：脑白金，卖的是健康。

早在珠海巨人时代，史玉柱做保健品脑黄金，曾产生了 1 亿多元的利润。脑黄金是史玉柱的浙江大学同学、留美生化博士袁彬推荐的产品。

后来，经历了一次失败的史玉柱在深思熟虑之后，决定要做保健品来打翻身仗。这一次，老同学袁彬向史玉柱推荐的是 1995 年曾在美国风靡一时、掀起过一阵抢购风潮的保健品，英文名叫"melatonin"，中文音译是"美乐通宁"。其中文的意思就是"褪黑激素"，它是由大脑中的"松果体"分泌的，其主要作用是"改善睡眠"。

其实，在脑白金之前，在普通的药店，我们也能买到"melatonin"，它或者被叫作美乐托宁，从国产到进口都有，价格大约是每瓶几十元，到一百元多一点儿。每瓶可以装 100 粒，吃上一粒，就可以让人在十分钟内产生睡意。

产品的名称对将来的市场推广至关重要。产品有了，叫什么名字呢？史玉柱开始琢磨产品的命名。史玉柱知道，无论是用"褪黑激素"，还是"美乐通宁"，来做市场推广，都不可能成为流行的大众保健食品。

最后，史玉柱还是想到了原来做的脑黄金，那是史玉柱成功运作过的健脑产品。平心而论，"脑黄金"这个名称是相当不错的。脑黄金——健脑产品、贵如黄金，寥寥几个字不仅准确地传达了产品的功能和不同凡响的价值，而且文字简洁，意思浅显，朗朗上口，非常易于记忆和传播。

于是在美国叫"美乐通宁"的"褪黑激素"，经过一字之改就有了一个绝妙的中国名字：脑白金。另外，再加上褪黑激素是由大脑中的松果体分泌的，与大脑有关，叫"脑白金"能给人产生无穷的遐想。

不仅如此，这样的产品在史玉柱的推动下，摇身一变，成为一个"革命性"的"保健品"。

这让人不由得想起鲁迅在名著《藤野先生》中的描述：北京的白菜运

往浙江，便用红头绳系住菜根，倒挂在水果店头，尊为"胶菜"；福建野生的芦荟，一到北京就请进温室，且美其名曰"龙舌兰"。

再之后，将"脑白金"进行商标注册，并将"脑白金"这一产品报国家卫生部审批，并获得了批准。

在此之前，尽管我国获得卫生部审批的含有褪黑素的产品共有63个，但其他公司的产品大多都叫"美乐通宁""眠纳多宁""眠尔康""松果体素""美乐健麓""康麦斯美宁"等，其主要成分都是由人体大脑中的"松果体"分泌出来的褪黑素。唯独珠海康奇公司生产的"脑白金"，其主要成分是人体大脑中的"脑白金体"分泌出来的"脑白金"。

在以后的宣传中，史玉柱也是避而不谈"褪黑素"，只谈"脑白金"。这样一来，人们只知有"脑白金"，不知有"褪黑素"。"脑白金"就区别于所有其他同类产品，成为独一无二的产品了。

对消费者来说，你只要告诉他你这个产品是干什么的，对他有什么用，这就够了，至于其他，他并不关心也不想去搞懂这些深奥的科学道理。脑白金的命名策略很好地体现了消费者的这种心理。

经过这样一番命名定位之后，不仅使得"脑白金"的产品名称鹤立鸡群，还有效地保证了将来对"脑白金"的所有宣传广告都能落进自家的腰包以免宣传"褪墨激素"功效，为整个行业做出了贡献。

人生秘方

商海战术，策略是很重要的。史玉柱从保健品行业东山再起的，他采用的策略"集中所有的资金、所有的营销骨干、所有的精力做好一件事——销售脑白金"。"脑白金"与"脑黄金"产品名仅一字之差，这样的命名策略很好地抓住了消费者的心理，打出了脑白金卖健康的理念，从而获得了成功。

骗消费者，不可能

对史玉柱来说，无论成功还是失败，虚名、骂名从来都没有和他分开过。史玉柱给外界的印象是"搅局者""破坏者"。总之，对他的负面言论数不胜数。

脑白金的成功，有人说那是靠广告，靠忽悠。脑白金刚成功的时候，很多人说不用一年就会垮掉，结果卖了十多年，还是同类产品的销售冠军。历史证明，过去那些对脑白金的批评没有根据。

关于媒体的负面报道，史玉柱认为，媒体往往都不用消费者的素材，而用一些所谓的专家观点。

其实所谓的专家，也是隔行如隔山。他认为，最有发言权的是两类人物：一是服用过脑白金的消费者；二是专项从事这个领域研究的专家。而真正在这个领域有研究的国内也就二三十个人。

根据史玉柱分析，批评脑白金的人多数没吃过脑白金，而吃了脑白金的人一般不会主动对媒体说，他们没有对媒体宣传的义务。脑白金在消费者中靠口碑宣传，赢得的是回头客，却由于老大的身份而背负起保健品行业的骂名。

史玉柱对前去采访的记者说，他自己吃过脑白金，感到有效果，才敢最终决定做脑白金的。

而到了征途游戏时，听到史玉柱宣布要做游戏的消息，大伙总结出了一句"名言"：史玉柱做游戏，大家都笑了。

到了征途和大家见面的时候，所有的人都在喝彩，但喝的是倒彩，别人都在做3D了，你还搞2D，这不是自取灭亡吗？

对这些言论史玉柱已经习以为常，他只说了一句话："骗消费者一年，有可能。骗消费者十年，不可能。"之后，这句话也常常挂在他嘴边。史玉柱认为口碑宣传是很重要的，时间最能说明问题。

在《征途》游戏的推广中，为了说明自己的游戏产品是能让消费者满意的，史玉柱语出惊人："如果觉得《征途》不是最好玩的游戏，我们真金白银地赔偿玩家。"同时，史玉柱也扮演着玩家的角色，据他说：

做网游《征途》时，一天有 15 个小时泡在网上，但那并非是无聊消遣，而是充当玩家挑毛病，让《征途》尽可能地完善。

关于外界的质疑，史玉柱在一次接受媒体采访时称，近一年的市场检验给了《征途》信心。史玉柱认为，对新玩家来说，多了一次试玩的机会，相信很多人试玩后都会留下继续玩。对老玩家来说，更多新玩家进入后，游戏人气会更旺，可玩性也相应提升。

可以说，史玉柱是一个优秀的消费者研究专家。他还指出，不要尝试改变消费者的想法。世界上什么事最难？改变消费者固有的想法最难，比登天还难，作为一个厂商一定不要自不量力地想着去改变消费者的想法。你只能因势利导，他有什么想法，你在想法上面往前导，导到你的产品上面。一定不能说消费者某一个观点是错的，如果说是错的，想改变过来，谁都改变不了。所以这个是做营销策划的时候要把握的原则，尽量利用消费者目前的知识，他的常识，然后导到你这个产品上面。现在史玉柱每天都坚持吃脑白金、黄金搭档，他说自己的员工可以作证。他依然是坚持着自己凌晨睡觉的生活习惯，依然是骨灰级玩家，永远都在完善着他的游戏。

人生秘方

致力于做成功商人的人，不会为了短期利益而放弃追求长期利益。通过欺骗获取的利益是短期利益，更是损人不利己。欺骗过后，显然就没有了追求长期利益的可能性。

农村包围城市

曾有人问史玉柱这样一个问题："《征途》和脑白金面对的人群是否不一样？"但是史玉柱的回答却出乎人们的意料，他说："网游和保健品一样，真正的最大市场是在下面，不是在上面。中国的市场是金字塔形的，塔尖部分就是北京、上海、广州这些城市，中间是大的城市，南京、武汉、无锡呀。越往下越大，中国真正的最大网游市场就在农村，农村玩网游的人数比县城以上加起来的要多得多。"

但是，对于已有的脑白金的营销网络，史玉柱认为其网游系统并不能重复使用这个网络，他认为，因为业务不一样，不能共用一个网，共用一个网可能一个都做不好。

史玉柱是著名的"学毛标兵"。毛泽东的传记是史玉柱经常阅读的书籍，史玉柱坚持认为，毛泽东最大的成功就在于"农村包围城市"的战略性成功。

"农村包围城市"，是毛泽东创立的中国革命路线。它的战略要点有两个：一是因为中国是个农业大国，所以可以依靠农民取得胜利。二是因为当时革命的力量还太弱小，因而在农村容易生存，而目的则是为了夺取大城市，解放全中国。

早在史玉柱之前，三株公司就已灵活运用了"农村包围城市"的思想。

"三株口服液"属于消化道口服液类的营养保健产品，三株公司发现农村人口消化道发病率比城市的发病率要高，并且居于各类疾病榜首。况且农村人口基数大，因此，三株把目标市场定位在农村，并宣布要"以农村包围城市"。当时农村市场竞争相对较弱，外部环境相对宽松，这也给三株进军农村提供了良好的机遇。事实证明，三株公司集中优势兵力，专攻农村市场的策略具有超前的战略眼光。

在史玉柱1995年进军保健品市场推出脑黄金之前，三株公司创办者吴炳新已经把8亿名农民作为中国保健品市场重心，而运用的方法则是发动"人民战争"，组织几十万名营销大军上山下乡。那时候，三株已经创造了神话，连农民的厕所上都刷了三株的广告。

史玉柱说："我去三株学习过，三株确实很成功。"

同样是崇拜毛泽东，同时又对三株的营销业绩钦佩不已的史玉柱于1996年秘密拜访吴炳新。之后，史玉柱为脑白金的市场推广制定了"从小城市出发，进入中型城市，然后挺进大城市，从而走向全国"的战略路线。这是"农村包围城市"又一个新的版本。

实际上，史玉柱与吴炳新的"农村包围城市"有着本质的不同。吴炳新看到了中国农村的庞大市场，农村就是其市场开拓的目的地，他并不把农村当作夺取城市的手段；而史玉柱并不把农民的消费当作主要依靠，他的目的地在大城市，但他只有区区50万元启动资金，无法直接"攻打"大城市，所以只好从中心城市上海边缘的小城镇江阴入手。

像保健品，你看上海，到一般的商场，往往有两三百种，到县城去一般只有五六种，到镇里面去就只有两三种了，在那样的地方竞争不激烈。

史玉柱启动脑白金首先选择的是江阴，花了10万元广告费打江阴市场。史玉柱认为，江阴是县级市，所处的苏南地区，购买力强，城市密集，距离上海、南京也很近，能够更好地把农村市场和城市市场衔接起来。而10万块钱在上海打广告还不够做一个版的报纸广告。正是这种营销思路，使脑白金在保健品的红海里做出了"营销蓝海"。后来，史玉柱在回忆脑白金的市场开发过程时这样说："在江阴，刚开始时，史玉柱在一个街道向一批老头老太赠送脑白金，后来开了一个会，他们都说有效果。这就让史玉柱看到了希望，但是能发展得这么快，他（还）真没想到。"

1998年六七月，史玉柱向朋友借了50万元，开始启动市场，先花10万元在江阴做广告，这10万元广告费在江阴这样的县级市一投入，立刻产生了市场效应，迅速影响到无锡市所属的两个县级市和无锡市区，（紧）接着，他把市场开到南京，带动整个江苏省，同时在吉林省启动，不久，宁波、杭州一带也开始了，到进入上海市场（的时候），已经是1999年春天了。

史玉柱喜欢"农村包围城市"这个口号。进入网络游戏行业后，除了免费，史玉柱做的另一件让业界大吃一惊的事情，就是他又一次将目标对准了农村市场。

在史玉柱看来，国内一线城市的人口才几千万人，虽然处于金字塔的顶端，但是整个市场规模有限，而二、三线城市聚集了数亿的人口，只要推广得好，其市场空间相当大。在史玉柱看来，除了网易在中等城市比较重视地面推广外，其他竞争对手都还没有下到那么偏远的地方。史玉柱说："网络游戏行业的很多公司都不太注重二、三线城市。"

这也使史玉柱这个网游行业的后来者找到了突破口。史玉柱称：他不会去主打一线城市，下面的总量要比一线城市大很多。越是这些偏远地方，竞争就越不激烈。

由于网游市场的后来者，在北京、上海等一线城市里，网易和盛大等网游先行者所占的市场份额已经相当高了，因而整个市场的推广费用也随之水涨船高。史玉柱说：

在一线城市的很多网吧去贴广告画是要付钱的，但是在二、三线城市基本上不需要。

《征途》游戏推出后，他用推广脑白金的方式，在全国设立了1800个办事处，一年之间将推广队伍扩充到2000多人。2000多人的推广队伍竟然受到了很多农村网吧老板的喜欢。

比如，上海的网吧对营销人员会爱理不理，干点什么都很难，但是到了上海周边县、镇里的网吧，从网管到网吧主对营销（人员）就非常热情，给你倒水、帮你贴张贴画，而这些宣传都是免费的。

很多一线城市的玩家都是在自己家里玩游戏，史玉柱的地面推广队伍也派不上用场，但是在二、三线城市，至少有超过60%的玩家依旧在网吧里玩网络游戏，这种地面推广的效果无疑相当"可怕"。

2007年3月，征途公司的月运营收入超过16亿元，月纯利润超过12亿元。依此计算，公司一季度营业收入将超过48亿元，每季度纯利润将超过36亿元。这是二、三线城市给征途带来的回报。

史玉柱认为，网络游戏在县城以及城乡结合区将是一个爆炸性的增长点，今后网游的主战场也将不在大城市，而是在这些县城和城乡结合区。史玉柱表示，北京、上海、广州等大城市的网游收入占总收入不到3%。

如今在中等城市，《征途》已经占有了网吧墙面等80%的战略性资源，而其他的竞争对手却只能分享其余的20%，而在小城市和县城，《征途》的优势则更加明显。

人生秘方

做生意必须从实践中来。商场如战场。农村包围城市是中国革命几十年斗争经验的精华，对于中小企业在残酷的商业竞争中迅速成长并最终成功挑战跨国公司，有着极其重要的借鉴意义。

充满信心塑造脑白金品牌

大家都知道《三联生活周刊》一般不以企业界的巨头为封面人物，但是 2007 年 9 月的这一期史玉柱却成为杂志的封面人物。对此《三联生活周刊》进行了如下回复：

"史玉柱已经变成了无法再扼制的巨大财富象征。在保健品市场，'脑白金'与'黄金搭档'已经压倒了其他声音，以至于无论何时何地，只要你打开电视，就无法躲避那遮天蔽日、令人生厌的'今年过节不收礼呀，收礼就收脑白金'。我们不得不佩服史玉柱创建起的这一品牌。"

品牌是指企业及其所提供的商品或服务的综合标识，蕴涵企业及其商品或服务的品质和声誉。所以，树立品牌意识，实施品牌战略，是使企业在激烈的竞争中立于不败之地的重要保证。在经济全球化和信息化迅猛发展的今天，品牌已不再是纯粹的标识，而是先进生产力和竞争力的重要体现。

我们必须清醒地意识到，一个品牌的培育是一个从设计到生产、从销售到服务的长期努力过程；形成和提升一个产品的品牌竞争力，更是一个持之以恒的全方位努力过程。

企业间的竞争都已归结到发展的竞争，而核心竞争力的标志就是品牌。因此，想不想做品牌、会不会做品牌不仅是对一个成熟企业家战略眼光的考验，更是对一个地方执政者战略抉择的检验。

做品牌难，做领先品牌更难，中小企业做领先品牌难上加难。然而，市场在变化，消费在升级，企业要做百年老店，要基业长青，要实现可持续发展，就必须无条件地走品牌化道路。"不做品牌等死，做品牌找死。"两害相权取其轻，找死不如等死，大多数企业于是乎选择了放弃。

"中国之大，异乎寻常，龙有龙道，蛇有蛇路，虽然我筹备脑白金时一没钱、二没人、三没资源，但也并不能因此就断言领先品牌仅仅是那些大公司的专利。"曾经大起大落的史玉柱偏偏不信这个邪。

史玉柱说："那些大公司的主打保健产品品牌也是从无到有、从小做到大一步一步成长起来的。如果，还没开始塑造脑白金这个品牌，我就丧失信心，那这不是我史玉柱的本色。"

于是，史玉柱聚焦力量，集中优势资源，率先在有竞争优势的区域市场——江阴建立了属于自己的根据地，获得生存的机会。

继而，在"蚕食与点、线、面"策略的牵引下，逐步扩大"脑白金品牌根据地"领域范围，再抓住契机发动较大规模的市场战役，打通"品牌根据地"之间的连接，化被动为主动，变防守为进攻，最终实现脑白金全国的胜利——创建全国性的领先品牌。

其实，所谓蚕食策略，就是指中小企业在已建立的、小区域范围的"品牌根据地"的基础上，积蓄资源、总结经验、训练团队，分析竞争对手的破绽，利用地缘优势，沉着稳健，不求冒进，一步一步地进攻竞争对手边缘化、势力稍弱的市场区域，扭转品牌在这些区域的不利局势，将这部分市场区域颠覆为中小企业新的"品牌根据地"，再扩大"品牌根据地"的版图，壮大品牌的力量，为下一步发动全国性市场进攻做铺垫。

蚕食策略选定的蚕食区域必须具备一定的前提条件：地缘上最好接近原有的"品牌根据地"，"品牌根据地"的优势是此前在这些区域进行了长时间的渗透，已经拥有了一定的品牌基础；市场形态、竞争环境、消费结构上与原有的"品牌根据地"较为相似，"品牌根据地"的产品结构、渠道类型、方式方法、工作团队等作用于这些区域同样有效；具有一定的战略意义的区域。为了获得更大的发展空间，品牌必须不计代价占据那些具有较强辐射能力或是具有重要影响意义的区域。

而所谓的点、线、面策略则是支撑和实现蚕食策略，创建全国性领先品牌的战略思想和策略保障。

企业通过"聚焦资源策略"在早期创建的小区域"根据地"仅仅是一个点，中期通过"蚕食策略"占领的地盘仅仅是一条线，只有成为目标市场（全国或全球）的领先品牌才是一个面。

在很短的时间内，史玉柱能东山再起，将原本在保健市场默默无名的脑白金运作成家喻户晓的保健品，正是靠娴熟的运用蚕食和点、线、面策略的结果。

在江阴成功后，推行蚕食策略，以点及线、以线到面，史玉柱开始着手启动整个江苏省及紧邻江苏的上海、浙江。依托蚕食和点、线、面策略，史玉柱用了一年多的时间就把全国市场顺利启动起来了。

伴随着脑白金迅速扩大市场区域，脑白金的销售额增长曲线缓缓地爬上来了：1998 年销售额三四十万元，1999 年上半年，每月销售额态势：60 万元、80 万元、100 万元、300 万元、500 万元⋯⋯1999 年开始到 800 万元、1000 万元，直到 12 月份脑白金产品单月回款已经突破 1 亿元。

到了 2000 年 1 月的时候，脑白金一个月的销售额已经是 2 亿多元了。以后每年的一个月回款基本上在 2 亿元左右。

从脑白金的操作过程中，我们可以看出来，脑白金试销的规模是由小到大的，每一个试点的市场工作，都尽可能做到饱和。史玉柱运用蚕食和点、线、面策略，淋漓尽致地发挥了聚焦资源策略带来的优势，一步一步稳健地扩大脑白金的区域范畴，积蓄资源，为全国性的进攻做准备，为创建全国性领先品牌奠定根基。

人生秘方

如果把一个企业比作一个人的话，那么"上市"和"品牌"无疑就是企业的两条腿."上市"就是资本创新，"品牌"就是营销创新，只有让这"两条腿"刚健有力，企业的发展之路、壮大之路才能走得更稳健、更持久。真正成功的企业，是他集中所有的力量，认准一个方向，坚持做下去。

试销，商品推广的"法宝"

试销，作为一个新进的名词，逐渐被大家所认可，它逐渐成为产品推广很重要的一环。史玉柱在新产品正式上市这前，都是会坚持做试销的。史玉柱说，做一做试点，你会在过程中发现过去构想里面许多没有考虑到的地方。甚至是和实际情况相反的地方。这时候，失败或是改进不可怕，因为试点代价小。

因此，做试点，这也成为史玉柱众多销售策略"法宝"中的一个。

脑白金在全面上市之前，史玉柱用了一年多的时间来进行了试销工作。先后转战武汉、江阴、常州等到地。这样长时间的试销，除了当时的资金压力，我们可认为，这是史玉柱对项目运营的重视和谨慎态度。

试销的作用就是为后续的市场策划提供真实可靠的素材与创意依据。在试销的过程中，脑白金策划人员切实地摸清了国内保健品市场形势，调查了把握了潜在消费者的真实想法，并为特定区域内的准消费者提供产品免费试用，咨询服用后的效果与感受。这些重要的一手资料的分析，为脑白金走向市场提供了依据。

因为脑白金的试销人员发现，中国的消费者更喜欢"放在手上沉甸甸"的口服液，因而脑白金增加了口服液，改变了之前的胶囊形式，变成了胶囊和口服液混合包装。果然，试销后改进的包装赢得了消费者的喜爱，并与其他的产品形成了竞争壁垒。

"今年过节不受礼，收礼只收脑白金"这句10多年不变的广告语，也是史玉柱曾亲自担任试销人员，在走访300多位大爷、大叔、大妈、大姐，解他们的需求后，最终定下来的。

如果说当初只是由于资金压力而搞了试销的话，那么在经过了脑白金这个产品之后，按说史玉柱已经是对保健品市场非常了解了。接下一个项目——黄金搭档，不经过试销也不会出太大问题，2002年推出黄金搭档的时候，为什么也要花差不多一年的时间来试销呢？

史玉柱正是在这样的试销过程中，不断对产品、传播、方式等进行调整和优化。最终确定了有史玉柱特色的保健品运营模式重要的一点就是广告轰炸。

史玉柱总结的经验是，试销工作是不能马虎的，需要注意以下几点。

第一，试销给新产品上市计划提供了修改和完善的空间，必须抓住这个机会，进一步完善上市计划，尤其要在战术层面找到更合适、更具有穿透力的措施。

第二，一定要防止试销期间的窜货，否则试销很容易扭曲，失去实际意义。试销期间不宜给试销人员太大的压力，应顺其自然，这样容易发现更多的问题。

第三，企业来自市场和竞争的压力很大，往往因此不断缩短试销周期，这会大大影响试销的实际效果，必须坚持一段时间。

并且，做试销时一定要掌握好速度：

试销市场慢跑，快不得；全国市场快跑，慢不得！

做全国性市场，一定要先做一个试销市场，要一点点来，快不得；做成了，真到做全国市场时，要快半步，慢不得！

人生秘方

　　一个人要想成功，不要去做各个方面的面面俱到的努力，你要寻找到自己最容易成功的突破口，在这个突破口上努力才是成功的捷径。

地面推广是中坚力量

史玉柱所说的"空军"指的是广告轰炸，而"陆军"则是指地面营销队伍的推进。2006年，史玉柱在接受采访时说：

很多人认为脑白金的最大特长是做广告，实际上脑白金的最大特长是地面推广，史玉柱团队在中国的200多个城市设了办事处，3000多个县设了代表处，在全国遍布了8000多人。而《征途》这个工作也在紧密进行中，已经设立了100多个办事处，最终准备做到1000多个吧。史玉柱所谓的这些"地面推广"也就是我们平时经常听到的"终端策略"。

有机构统计出这样的结论：到终端购买产品的顾客指定品牌占70%，另外30%的人并没有明确的购买目的，这部分消费者主要靠产品包装、POP等终端宣传品的刺激和营业员导购实现购买。

这就是说，有70%的人还是通过媒体传播影响达成购买的。终端竞争的优势要在信息总量、知名度等各方面都接近时才能明显地表现出来。

有资料表明：原来跨国公司是把70%的市场营销费用投放在除终端市场之外的广告上，把30%的费用投放在终端上。

而现在，他们改变了广告策略：把70%费用投放在终端市场的广告上，把 30% 的费用投放在其他领域。

所谓终端市场，就是销售渠道的最末端，是厂家销售的最终目的地。终端市场担负着承上启下的重任。所谓承上，就是上联厂家、批发商；所谓启下，就是下联消费者。

保健品销售终端，主要包括药店、商场、商店、超市大卖场等。终端是产品销售的场所，是连接产品和消费者的纽带，是产品流通过程中最后同时也是最重要的环节。在市场竞争激烈的今天，谁控制了终端，谁就掌握了市场的主动权！

终端策略实施的好坏，跟营业员的素质有很大关系。营业员不但可以对产品进行宣传、推荐，也具有较强的煽动性，引导消费者产生购买行为。史玉柱说：

在药店和商场中，营业员导向在消费者购买行为中起着重要作用，这就要求我们必须和营业员多沟通、交朋友，真正做到用真情去感动营业员，让他（她）们能真心实意地为我们公司着想，当有其他同样可以改善睡眠和调理肠道的产品存在时，能够推荐购买脑白金。

因此，史玉柱亲自制订了相应的脑白金营业员的培训计划。

终端是营销价值实现的"最后一公里"。作为与用户亲密接触的"终端"，无疑会对用户产生很大程度的影响。终端宣传品被"无声推销员"，它具有销售和宣传两种作用，是产品推销的一种重要工具和有力的竞争手段。终端可以和消费者进行面对面的直接交流，通过终端宣传及产品包装摆放，能引起消费者的认同，从而直接在消费者面前构筑和树立企业形象。

所以，对终端陈列，史玉柱有着明确的规定：

脑白金在终端陈列时，要求出样面尽可能大，展柜及柜台均有产品陈列，并排至少有 3 盒以上，且为最佳位置。

所有的终端宣传品，能上尽量上。宣传品包括：大小招贴、不干贴、包装盒、推拉、落地 POP、横幅、科学讲座、车贴，《席卷全球》必须做到书随着产品走。

历史上不少资金雄厚的保健品企业只知道投放广告，而轻视了终端的管理，结果被竞争品牌抢占了良机，最终酿成大错。

认定"营销没有专家，消费者才是专家"理念的史玉柱，把"终端"这个离消费者最近的领域视为营销中的重中之重。而事实充分证明，史玉柱的看法是正确的。

人生秘方

根据市场的竞争态势，结合产品自身的实际情况，科学定位可以将劣势转化为优势，有效占领市场。营销最关键的是把消费者的需求研究透彻。从消费者的需求出发，这样才能收到好的效果。史玉柱在做营销时，总要把终端领域作为重点。

等着经销商带着钱来要货

海尔集团的张瑞敏曾说道："好多企业，发展得很好、很快，有一天却突然倒闭了。到底什么原因？其实非常简单，就是现金流出了问题。一边儿，负债非常大；另一边儿呢，钱却进不来。钱为什么进不来？在应收账款上！本来，在市场经济条件下，钱应该是最流动的一个东西，却变成了最不流动的东西。原来我们国家上市公司只要两张报表——第一张是资产负债表，看你的资产负债率是多少；第二张是损益表，看你企业的利润是多少。后来意识到应收款是一个非常非常大的问题，所以，现在上市公司必须交第三张表——现金流量表。"

所以说，现金流动对企业来说是非常重要的。再次创业的史玉柱抛弃了以前躁动的激情，奉行了稳扎稳打战术，他说：

"当年我们珠海巨人集团做脑黄金是代销的，其结果是有3亿元钱收不到。现在我们再也不会做这种傻事了，钱不到账不发货，到现在没有一分钱应收款。"

吸取了当年巨人脑黄金曾经有3亿多应收款烂掉的教训，史玉柱对此倍加小心。为了解决"应收账款问题"，史玉柱在做渠道时不像一般产品销售那样急于铺货，而是采用了一种特殊的方式，"倒做渠道"。

什么是"倒做渠道"？史玉柱一语道出秘诀："先把经销商放到一边，转而向终端消费者展开攻势，创造市场拉力。"这就叫倒做渠道。"倒做渠道"是区域代理和区域蚕食相结合的产物。它也针对一些居民居住比较集中的城市，通过划分一个区域，集中力量做渠道，做成后再转入下一个市场。

最开始的江阴市场的启动，就是以大赠送形式进行。史玉柱首先向社区老人赠送脑白金，一批批地送，前后送了10多万元的产品，慢慢地形成了回头客，不少老人拿着脑白金的空盒跑到药店去买，越买不到，老人们问得越起劲。

正当药店为这只见空盒不见经销商上门的脑白金而犯愁时，脑白金的广告在江阴媒体"闪亮登场"了，于是，"款到提货"一开始就成了脑白金销售的市场规矩。江阴市场就这样打开了。

之后，在启动一个市场之前，脑白金通常都会举行大规模的免费赠送活动。这样做的另一个好处是可借此造势，展开声势浩大的新闻宣传，这又是花钱比做广告要少得多的广告，再加上这种宣传往往是直接针对消费者的购买行为，对拉动终端消费者极为有利。

赠送结束之后，有的消费者还想继续服用，就会到药店去找，消费者找产品，经销商就会找厂家。

当产品销售达到一定销量时，脑白金的广告随之出台，让经销商闻风而动，"主动"前来要求经销该产品。这时，史玉柱就会要求经销商现金提货，以始终确保应收款为零，这样就形成了资金的良性循环。避免了可能产生巨额坏账的风险。

货好卖了，经销商自然也愿意现款提货。有些经销商十分不愿意接受这种方式，脑白金的火爆市场带来的巨大的利益又迫使他们不得不遵守史玉柱的规则。

就这样，有了精心的策划，史玉柱的"倒做渠道"可谓是水到渠成，另外，史玉柱还规定：

原则上小型城市选一家经销商，但经销商一定要信誉好，在当地有固定的销售网络，是该地区最有实力和影响力的人物，经销商还必须与政府方面（工商、技监防疫站等）的关系好。

经销商负责固定地区脑白金产品销售，不得冲货，不得越区域销售，避免同类产品恶性竞争。销售价格必须统一，且价格稳定，同时，必须回款及时。

史玉柱责令：不允许个人以任何名义与经销商签订合同，否则视为欺诈行为。同时，所有办事处要把代表处的经销商合同及有关资料传回子公司审批，合同原件一定要寄回总部。

在这种模式下，脑白金 10 年来销售额 100 多亿元，但坏账金额却是 0。而在保健行业，坏账 10%可以算是优秀企业，20%也属正常。

人生秘方

　　"大"与"强"是相对的，能够最终生存下来的企业，不是所谓最"大"的企业，也不是所谓最"强"的企业，而是那些找到自己的特点并将之充分发挥出来的企业。"倒做渠道"的巧妙使用，能有效够杜绝企业营销的中坏账，避免现金流出现问题。

第二章
盈利秘诀：怎么才能赚到钱

史玉柱的野心当然不限于"脑白金"与"黄金搭档"，陈天桥卖《传奇》暴富后，他就敏锐地意识到，这可是一个比保健品圈还要广阔的财富场。《征途》是他将自己放进市场调研的结果，迎合了普通大众在现实生活中需要各种刺激的急迫欲望，与"脑白金""黄金搭档"一样，对他所蛊惑的特定消费者构成了某种一旦进入就无以摆脱的诱惑。

赢在商业模式

随着互联网的发展，人们对互联网越来越依赖，于是很多创业者将会利用互联网进行创业。互联网上有很多金矿，然而只有成熟的商业模式的互联网公司才会盈利。2007年2月，史玉柱在接受媒体采访时，谈到对互联网创业公司的看法，他表示：

网络为人类服务，是一定能赚钱的。但为人类服务的形式有千万种，很多问题是有没有好的盈利模式，它只要是找到好的商业模式，尤其是收费模式，就能赚钱。

互联网行业，只要有一个先进的商业模式，来钱是很快的，一下子就能发展起来。

网络经济对商业模式的设计要求非常高。好的商业模式能有效整合技术和存量资源，新企业可以凭借商业模式创新，实现高成长效率，还可以先发制人，遥遥领先，让跟随者"望背兴叹"。例如，在线旅游的市场份额超过50%，其余上百家旅游网站分食余下的市场份额。

20世纪末，随着新的商业模式不断产生，催生了以沈南鹏、陈天桥、江南春、马云、李彦宏等第三代民营企业家。史玉柱认为：

第三代（企业家）在商业模式上研究很深，他们总是赢在商业模式上，如马云。

1999年，孙正义仅考虑了6分钟，就决定向一无所有的马云投资2000万美元。2008年，孙正义和马云又坐在了一起，孙正义对马云说道："我见到你的时候就对你说过：马云，你会成就第一家真正的中国互联网公司，由中国人自己创立新的商业模式，并在这个模式里取得世界第一。在当时，多数互联网公司，不管日本的还是欧洲的，它们只是复制美国的成功模式。阿里巴巴创立了一个新的商业模式，因此，你一定会成功。我觉得阿里巴巴是个非常伟大的公司。我遇到你的时候，我就说你会是个英雄，你将与杨致远、比尔·盖茨等人等高，你们都创建了一种全新的商业模式。"

　　阿里巴巴能够成功的最重要因素是它为中小企业提供服务的商业模式。早在建立阿里巴巴之初，马云就认识到，阿里巴巴的目标是为绝大多数中小企业的贸易往来提供一个平台，把它们与全球连锁供应商连在一起，打造市场。

　　通过借助互联网，阿里巴巴创立了自己独特的经营模式：一是向全球买家展示中国企业，二是向中国企业提供国际买家，将中国企业长期以来的商业习惯向更高一级的行为阶层推进，使它们迅速地向网络商务靠拢，从而为海外企业所熟悉。

　　依靠这一策略，马云获得了巨大成功，而阿里巴巴得以在香港上市，正是国际资本对中国中小企业的看好。

　　在众多的商业模式中，对史玉柱来讲，到现在这个阶段，网游的商业模式是中国 IT 业在海外资本市场上最成功的一种商业模式。

　　互联网现在应用范围是非常多的。但是从目前来看，互联网所有的领域里面商业模式最成功、最清晰的就是网络游戏。因为现在整个互联网产业里面最赚钱的是网络游戏，最容易管理、没有烂账的也是网络游戏，也是互联网领域里面最成功的一个商业模式之一。

　　史玉柱表示也一直在关注互联网的其他行业。然而，史玉柱认为，到现在为止，还没有一个模式像网络游戏收费模式那样完善。

　　网络为人类服务，网络游戏只是其中一小部分，而且这一部分还不是作用最大的。新浪靠新闻、广告，新闻对人类的贡献比网络游戏要大得多，但你看中国靠新闻打广告赚的钱加起来没有网络游戏赚得多，这是个商业模式问题。

　　不只是互联网，商业模式对于任何形式的创业公司都是非常重要的。你也可能对当年江南春做楼宇电视时不屑一顾，觉得这就是一个没有技术、纯粹圈地的活。但是，江南春在其中看到了商业模式。如今的江南春早从最初的楼宇电视发展为一个"数字化媒体集团"。

人生秘方

成功的商业模式要能提供独特价值。有时候这个独特的价值可能是新的思想；而更多的时候，它往往是产品和服务独特性的组合。这种组合要么可以向客户提供额外的价值；要么使得客户能用更低的价格获得同样的利益，或者用同样的价格获得更多的利益。

从一开始做事就应该规范

史玉柱在《赢在中国》节目中对一位选手说道：

我觉得一个企业，从一开始做事就应该规范，哪怕牺牲一点发展速度。我公司自成立第一天起，就按上市公司的要求去做、去规范。这在起步阶段可能影响一点发展速度，但发展后劲足，会持久，而且机遇一旦来临，就能迅速扩张。

只要这个公司一直处在规范的情况下，哪怕影响你的效率。比如在美国上市我们就必须通过萨班斯法案，这对公司来说是降低效率的，但是规范。中国企业不去上市也不会这么做，我们就减少效率去追求规范。

中国房地产的标杆企业——万科，可以说是规范经营的最典型代表。万科在进行股份制改革的时候，国内没有什么规范的经验可借鉴。于是，万科董事长王石决定参照国际上已有的一个公众募集资金的股份制改革方案来进行，这引起了万科管理层的反对，他们认为其他新型企业都不规范，万科独自来做规范的事情，无疑是束缚了自己的手脚。

因为市场在从计划经济到市场经济的过渡中，有很多灰色地带，而在企业发展当中，钱应该怎样赚？守法不守法？当时无论是市场还是企业都没有什么规范可言，甚至到底什么是规范大家也不清楚。

但王石的理由讲得很清楚：万科今天要做的，是对将来有好处的事情。即使现在吃亏，将来定会处于主动地位。因为大家都讲规范，而万科是走在前面的，就是说万科不但能适应社会，而且会有很多企业向万科学习。

王石说："万科能取得现在的成绩恰恰是坚持规范经营的结果。万科上市较早，应该说自股份制改革以来始终坚持规范化治理、规范化经营，不做违规的事，这是万科的底线。不违规操作，不做违规的交易，这听起来容易，对于企业而言，能做得到并不简单。以当时的市场环境，像万科这样坚持规范化运作的并不多，可以说万科活得很艰难又活得有尊严，万科很在乎这一点。"

人生秘方

企业从创立的第一天起就要建立严格制度，规范化运作，哪怕因此牺牲一些发展速度。这在起步阶段可能会有一点影响，但发展后劲足，会持久，而且机遇一旦来临，就能迅速扩张。

要做好最坏的打算

据有关部门调查，在世界 500 强企业名录中，每过 10 年，就会有一到三家以上的企业从这个名录中消失，在总结这些企业衰落的原因时，人们发现，春风得意之时正是这些企业衰落的开始，因为正是在这个时候，它们忽视了危机的存在。同样，珠海巨人集团也是在风光无限的时候，突然倒闭。

珠海巨人时期，脑黄金辉煌的时候，销售额达到过 5.6 亿元，但烂账有 3 亿多元，由此导引出巨人大厦的资金链危机。残酷的现实，使得史玉柱体悟到商业必须时时刻刻保持危机意识。危机意识显然是史玉柱跌倒之后最大的意外收获。

人犯错误都是在得意的时候，史玉柱经常告诫员工，我们距离破产只有一年，做好 12 个月内再次跌倒的准备。史玉柱现在做事都做好最坏的打算。

在世界 500 强中长期站住脚的企业，则对危机意识有着另一种深刻的认识。他们即使在企业发展很顺利的时候，依然保持着一定的危机意识：德国奔驰公司前总裁埃沙德·路透的办公室里挂着一幅巨大的恐龙照片，照片下面写着这样一句警语："在地球上消失了的，不会适应变化的庞然大物比比皆是。"英特尔公司前首席执行官安德鲁·葛洛夫有句名言叫"惧者生存"。微软董事长比尔·盖茨长期保持成功的原因之一就是在业务上有超强的危机意识，不轻视任何一个竞争对手。

企业要想不断地稳步发展，就必须树立这样一种意识：危机迟早都会来的，危机意识是企业发展的原动力。

做任何的项目都要有失败的打算。做一个项目，负面因素考虑得越多，消极的因素考虑得越多，往往对这个项目越有好处。在投资之前，想得越浪漫，越是考虑这个项目我可以赚多少多少钱，风险因素考虑得少了，操作的层面因素考虑得少了，失败率往往也高了。

1997年对史玉柱来说是一个转折点。史玉柱认为现在 IT 这个行业很多人跟过去一样，非常冒进、胆子很大，想事情往往非常浪漫，喜欢从正面去想，这个项目做好怎么怎么样，而对万一做不好怎么办，做不好又是由哪些因素造成的，考虑是不足的。如今，史玉柱对任何一个项目，首先是做负面的考虑：这个项目有多大的风险？

现在做项目都是先假设这个项目是失败的，此如同理，假如我现在失败了，我首先要算财务，我能不能支持住？然后看如果要失败，有可能哪几点导致失败？比如第一点我的产品不好，第二点我的人员有可能流失等，罗列了十几点，然后我再看这十几点，一一想办法解决。这么一轮下来以后，实际上这个项目的风险反而下降了，如果只是因为看盛大赚很多钱、网易赚很多钱，就仓促决定投资，往往考虑得就不那么深入，最终导致失败。

联想董事局主席柳传志曾说过："我们一直在设立一个机制，好让我们的经营者不打盹，你一打盹，对手的机会就来了。"在华为创立的 20 年中，华为集团总裁任正非屡屡在企业发展形势一片大好的时候抛出"过冬"论这一论调。华为从零成长为年收入直线上涨的企业，证明了一句古训："生于忧患。"海尔的生存理念是"永远战战兢兢，永远如履薄冰"，这也是海尔基业长青的一个法门。经历了一次失败的史玉柱对于危机已有了深刻的认识，他说道：

巨人（投资）集团未来还可能会有波折，甚至会有更大的波折，对此，我有充分的思想准备。但是，无论波折多大，生存环境多险恶，我史玉柱也不会窒息，不会休克，只要还有呼吸，我还能继续往前走，这并不是在说大话。我已经经历过这么深刻的危机，今天，我在决策任何一个项目时，都会做最坏的打算，都会先估算一下，如果发生亏损，损失会超过我净资产的三分之一吗？如果超过三分之一，再大的诱惑我也不干。而在过去，我是想到做什么，就不考虑其他。

人生秘方

今天，我在决策任何一个项目时，都会作最坏的打算，都会先估算一下，如果发生亏损，损失会超过我净资产的1/3吗？如果超过1/3，再大的诱惑我也不干。而在过去，我是想到做什么，就不考虑其他。这十年来我不缺钱，十年中我只干了三件事：保健品、银行和投资网络游戏，这对于一个企业来说是很少的。

背着污点做不了大事

2001年，这是一个平凡的年份，但这一年对于史玉柱来说，却是重要的一年，这一年中间，要问史玉柱最大的事情是什么，史玉柱的回答肯定就只有两个字"还债"。至于原因，史玉柱说道：

因为我们总债务是2个多亿元。我在巨人集团刚陷入困境，一大堆记者，一下几十个媒体涌到珠海的时候，就是涌到我们办公楼里面的时候，当时媒体就问我一句话，就是你欠这些老百姓的钱怎么办？当时我很负责任地说，这个钱，老百姓的钱一定要还。

自从巨人集团倒下的那一刻，还钱就成为史玉柱和他的追随者们心中最深的痛，也是他们卧薪尝胆的第一个目标。

这些年对于史玉柱来说最大的压力就是还债。这些年很多人问他，将来的目标是什么？他说将来的目标谈不上，现在的目标很清楚，就是合法经营，获取利润。获取利润干什么？把老百姓的钱还上。然后才能谈我的发展。史玉柱给自己定了两步走的方针。

在背债的过程中，史玉柱表示也曾经动摇过："在最困难的时候，连自己的正常运作的费用都没有。"钱最少的时候，坐出租车的钱都不够，要坐公共汽车。在这种比较艰难的情况下，史玉柱依然坚持要将2个多亿债务还清，是什么促使史玉柱继续背那么多的债？史玉柱说：

我想通过个人的努力，使我的良心各方面得到平衡，我觉得我尽了努力了。

前几年，有时候走在外面，总感觉到四处有人盯着我，虽然他们不一定能够认出我来，但是，肯定是觉得很脸熟，不自觉地盯你几眼，这种感觉特难受。就像是做错事被人盯着一样。

珠海巨人集团是一个有限责任公司。在中央电视台出镜时，IT名人张树新曾经对史玉柱说，你其实是不用还钱的。从法律角度上说确实是如此。股份有限公司或者责任有限公司是不必承担经营风险的无限责任的。如果珠海巨人集团申请破产，史玉柱个人并不必承担债务。珠海巨人集团破产的纪录对史玉柱再创业的负面影响可能也是微弱的，为什么史玉柱要坚持还老百姓钱，2000年3月，史玉柱在接受媒体采访时说道：

关于破产，我想强调一点，即使（珠海）巨人（集团）破产，我个人也要还老百姓这个钱。曾经有债权人想提请破产，后来又没有提。因为（珠海）巨人（集团）就剩个巨人大厦，进入破产程序大厦就要拍卖，拍卖是拍不出多少钱的，因为全要现金，再扣掉律师费，他一算拿不到多少钱。

破产是很容易的。但是这样对老百姓非常不公平，还的钱特别少。别说是70%，如果拿现金的话，可能最后有10%。把巨人大厦这些资产急于拍卖的话，那会是很低的价格，可能10%都不到，只有百分之几。

作为一个民营科技企业家，要有一种社会责任感。是我的错就要敢于承担。再说欠的是老百姓个人的钱呀！另外，我忘不了在最困难之时，浙江大学几位大学生写的信，他们希望我这个校友不要让创业的大学生失望！正是这些鼓励，我今天才会有钱还，才能再站起来！

在中央电视台的一次访谈节目中，柳传志也对史玉柱的还钱行为大加赞赏。柳传志说："我知道这1.5个亿不是一个小数目。今年比如说我们公司能挣七八个亿那是很多年修行过来的，1.5个亿，联想熬了七八年的时候才挣两三千万一年。他1.5个亿，就拿了这么大的本钱。我现在还不知道史玉柱多大道行，但我认为史玉柱不是为了炒作或者做什么东西，我认为他是诚心。"到了2001年，拿出两亿多元还债，史玉柱已经不心疼了。

2亿多元对我已经不算什么。2亿多元还债，对我们公司运营，已经不构成什么影响。与其账上多2个亿，还不如把这个心病给除掉。巨人大厦毕竟是我自己惹出来的，而且，那里面危害的都是老百姓。

我这个人也不是特别爱钱。钱就是个工具，能用来投资做事情，与其投资做别的项目，还不如先用钱将我原先未做完的项目给解决掉。这样，再做其他事会更踏实一点。

史玉柱表示，对他压力最大的，是还老百姓的钱，因为都是个人的钱。史玉柱觉得自己对不起他们。珠海巨人集团的残留问题，成了史玉柱超越自我、重新开始而不能绕开的槛。除了道义之外，还钱也是史玉柱一个很现实的考虑。

商人也很现实。我是站在商人的角度，那我这个钱如果不还，我以后也做不大，除非我不做大了。出于商业的考虑，我觉得这两个角度（商业和道义）都要考虑。我必须把这个钱还上。

因为我们坚信我们将来还是要做大事的……背着污点做不了大事，谁都会说："这个人把公司搞得一塌糊涂，欠老百姓钱也不还。"这样的话你将来什么事都干不了。

史玉柱刚还完钱之后就已经亲身体会到了这种信用的价值。

我们巨人（投资）集团给自己将来定位定得还是很高的，还是有野心的，要做到很大规模。如果将来定位那么高，如果将来有一笔这种不良记录在这个地方，对我们将来的发展是很不利的。我最近有一个体会，我还完债之后，最近就有银行找我们公司贷款，找我们贷款，他就提一个条件，一般都要抵押。他说我不要抵押，就你史玉柱在这个公司贷款上，以个人名义给我做一个担保，我就贷钱给你。

> 准确地讲，一个企业处于信用危机之中，是难以"运营"的。重建信用，远非重建一座大厦、一家公司所能比拟的。巨人的重新崛起就离不开史玉柱的重树信用。

企业最大的目标是盈利

伟大的共产主义者马克思说过，生产力的发展和物质的创造是推动人类文明进步、社会发展和历史进步的根本动力。

企业是生产力的具体组织形式，而企业家则是企业的主要经营者。企业赚钱意味着这个企业促进了生产力的发展，为社会创造了物质财富，从根本上推动了社会的发展、历史的前进和人类的进步，这是最大的事业。因此，从这个意义上讲，赚钱是企业家最大的事业。

一些企业家整天想着要干这干那，满脑子都是宏图大业，却忽略了对自己治下的企业的经营，这其实是一种本末倒置，舍本而逐末。

著名的经济学家何学林说："企业不赚钱，企业就会倒闭，企业老板就可能进监狱。"

可以这样说，赚钱：就是企业家最大的事业和政治。

当然，这里说的赚钱是硬道理，赚钱是企业家最大的事业，是以企业的合法经营为前提的。指的是企业或是企业家赚钱是以真正为社会创造了财富，促进了生产力的发展为前提的。

对于企业的利润和责任之间的关系，北京大学光华管理学院副院长张维迎做了精彩的讲述，他说："一方面，在一个健全的市场制度下，企业追求利润、为客户创造价值以及承担社会责任之间，不仅不矛盾，而且是基本一致的。利润，是社会考核企业，或者说考核企业家是否真正尽到责任的最重要指标。没有这个指标，我们没有办法判断企业行为是损害还是帮助了社会。另一方面，在一个制度缺陷比较严重的企业中，利润可能不是考核企业行为的最佳指标。这时候我们应该想办法，使这制度变得更好，使利润能够真正反映企业和企业家对社会的贡献，而不是抛开对制度的变革，用说教的方式解决这个矛盾。"

曾有记者采访史玉柱时这样问道：有人说您其实不是很在乎钱，甚至对下属也没提出明确的利润要求，但在外面看来，您所从事的几个成功案例中，总是在追求利润的最大化，您怎么看这一冲突？

史玉柱回答说：利润肯定是要追求的，主要是当作一个事情来做。作为一个企业，对社会贡献最大的就是创造利润、纳税。企业亏损是要危害社会的，我的企业曾危害过社会，不能再危害，所以利润是很重要的。

"商业和道德能放在一起吗？商业是什么？商业的本质就是在法律法规许可的范围内获取最大利益，我是一个商人，做的事情就是在不危害社会的前提下为企业赚取更多利润。要一个商人又要赚钱又要宣扬道德，那不是商人，而是慈善家。"对于外界对史玉柱道德底线的怀疑，史玉柱如是说。

中粮集团董事长宁高宁曾说过："中国的企业有社会责任，第一责任是把企业做好，在这个基础上，才可以去涉足其他责任，我希望中国企业真正发展是做好了自己的全球竞争以后，再谈更多的对多元化目标的社会责任。如果说你的企业自身没做好的话，还谈社会责任，实际上对企业、社会都不利。"

说起当年的"巨人"轰然倒塌对于社会造成的影响时，史玉柱说道：企业的目标是盈利，企业不盈利是最大的不道德，当年的巨人垮掉的时候，是社会、是员工、是投资者在承担企业失败的恶果。所以，我反思自己今后运营企业，一定要遵纪守法，一定要规范，在法律许可的范围内做大家认可的东西。

如今，史玉柱确实获得了很大的利润，他也希望成为一个对社会有贡献的成功的商业家。

人生秘方

作为一个企业，要把追求利润当作一个事情做，企业家赚钱要以真正为社会创造了财富，促进生产力的发展为前提。

做什么都有争议

中国人力资源开发研究会理事李直认为："史玉柱是工作狂，也是思考狂。这些年来一直在改变，是很不容易的。他擅长学习，在巨人失败中犯的错误，很少在脑白金上出现，而在保健品上的营销经验，能巧妙地嫁接到网游中。"

但是很奇怪，史玉柱过于追求商业模式很难看出他的商业理想。李直认为史玉柱更像是一个挣钱的机器。

史玉柱可能是中国最具争议的企业家了。他既不会打高尔夫，也不爱出国旅游，甚至很少健身，他交际很少、做人很简单。但是在市场的选择上，他往往总是出人意料地选择最热闹的行业，然后在这样的行业里开启创造性的发展，最后创造一个新的传奇。不可否认的是，他的市场直觉非常好，总能迅速找到行业爆发的时间点，并以最为快捷和高效的方式获得成功，被人称为"史大仙"。

在被称为"搅局者""破坏者"的同时，史玉柱的商业行为则饱受争议甚至引人厌恶，被人称为靠挑起战争而发财的"军火商"。对于史玉柱的商业传奇，外界不约而同地用到了跟赌博有关的词，如"豪赌"和"下注"等。

史玉柱自己是这么说的："赌徒只是幌子，而投资效率才是我的真正追求。"话是这么说着，市场里最热的那个行当，最容易获利的那个行当，或许就是史玉柱的下一个投资目标。史玉柱总是在追逐暴利行业。

由于马云与史玉柱两人的年龄仅差两岁，而且阿里巴巴和巨人网络上市的时间也非常接近，因而人们习惯于将他们两个人作比较。

马云说："让别人去跟着鲸赛跑吧。我们只要抓些小虾米。"马云的商业领域，面向的是占有企业总数 85% 中小企业，后来又延伸到淘宝中的个体，最后是做全球贸易的生态链和产业链。

与马云相比，史玉柱恰恰相反，他的商业领域是从不做微利的。在《中国经营报》主办的一次企业竞争力年会上，他这样表达自己的看法：

第一，回避微利业务；

第二，经营者应通过创新和技术使自己产品的利润提高。方法包括成为行业第一以获得更高利润。

史玉柱对暴利行业的热爱，使他成为了中国致富速度最快的商界人物，同时也引来了骂声一片。巨人网络总裁刘伟说，史玉柱之所以成了媒体的靶子，和他个人有关。说话直接，不经过包装，不懂得掩饰。

当初，为了再次崛起，并还清欠下的债务，史玉柱选择了他最熟悉的保健品行业。史玉柱承认，通过做脑白金这类保健品，可以让他快速地翻身。至于为什么没有选择做IT，史玉柱是这样说的：

当时在IT和脑白金之间权衡。如果选择做IT，可能要10年才能翻身，而做脑白金，当时计划用5年的时间翻身，实际上只花了3年时间。不过，如果现在做保健品门槛就高了，没有1亿元肯定不行。我做黄金搭档时，准备了3亿元，实际用了2亿多元。做黄金搭档时，一个县只用一个人。

在史玉柱发现网络游戏的市场是"睡觉也能挣钱、流淌着奶和蜜"的新机会的时候，史玉柱坚决地迈出了他网游"征途"的第一步。

"眼下进入这个领域已越来越困难，最好找其他网络游戏公司合作。"

"史玉柱既做开发又做运营肯定弄不好，稍不留神就会被市场淘汰。"

"现在斥巨资进入网络游戏就是赌博。"

面对社会上的各种言论，史玉柱毫不在意，虽然当时的中国网络游戏市场的格局已经足以让投资者望而却步。

对于人们认为网游是暴利行业的说法，史玉柱表示：

投资人肯定会更喜欢阿里巴巴那样的商业模式，因为那种模式讲故事会更动听。我们才20倍的市盈率，而他们是106倍的市盈率，也说明了这个问题，但这实际上是对网游领域的误解。

同样也是做网游的朱骏对史玉柱表示理解："做得很好。没骗没抢，钱都是玩游戏的人自动给他的，游戏又是政府批准的。不信？骂他的人做个游戏给我看看？每个人赚钱都是很艰难的。"

> 李嘉诚说，赚可以赚的钱，但是一定要合理、合法。商人的本质是追求利益，这不假，但是赚钱求利一定要明明白白。不合法的钱不赚，违背仁义的生意不作。

赚钱要靠回头客

史玉柱做事一向是"粮草未动，兵马先行"。就在脑白金将要推向市场的前期，史玉柱利用自己曾在安徽统计局农村抽样调查队工作时对农村市场的理解与调研功夫，进而制订了完美的战略。

脑白金试销一年后在全国迅速铺开，月销售额飙升至1亿元，利润4500万元。与此同时，大部分中国人通过电视记住了"今年过节不收礼，收礼只收脑白金"这句广告词。

很多人说脑白金能做起来是靠广告，靠忽悠。一直跟随在史玉柱身边的刘伟对此并不认可："那是外界不了解我们的营销策略。"这些年广告年年涨价，成本太高，靠广告根本撑不住市场。如果没有回头客，后果不可想象。在市场定位上，脑白金瞄准了受众广大的农村市场，打出送健康的"送礼"模式。原因是农村老年人"很抠门，想吃也舍不得买"，只有等子女花钱买。

脑白金几乎是从一诞生，就面临着市场的猜疑。脑白金面市不久，就有人评论"脑白金不行了，其生命周期只有3年"。后来，这种说法改为三五年，而后又是5年。去年（2002年），脑白金迎来了它5周岁生日，所以又改口了，这一次脑白金的生命周期被预测为6年。

史玉柱认为口碑宣传是最重要的，时间最能说明问题。到现在，脑白金卖了快11年，现在还是同类产品的销售冠军。历史证明，过去那些对脑白金的批评是没有根据的。

据史玉柱分析说，批评脑白金的人多数没吃过脑白金，而吃了脑白金的人一般不会主动对媒体说，他们没有对媒体宣传的义务。脑白金在消费者中靠口碑宣传，赢得回头客，却由于老大的身份而背负起保健品行业的骂名。

由于拥有大量实地调查，史玉柱拥有发言权。很长一段时间里，史玉柱天天跑药店、跑农村，去跟他的"上帝"们交流。开拓无锡市场时，当地几百家药店都跑过一遍。接下来每次启动一个新市场，他都这么干。

史玉柱说：虽然脑白金销量也曾出现过一定的波动，但是对于这个行业来说，15%的波动属于正常波动。不能说销售额稍有下降就有危机，因为产品销售的好坏受制于多种外部因素——市场购买力、保健品问题等的影响。而脑白金这两年波动正好与保健品市场的总体波动吻合。

我总结过保健品的产品战略，第一是要有效；第二是产品给消费者带来的好处要被他感觉得到，并愿意主动跟周围人说。必须同时具备这两个因素，产品才能做大。开发一个最优秀的产品和开发一个骗人的产品相比，历史上最成功的保健品开发费用是 500 万元，骗人的产品的成本也可能是零。这样，何不做好的产品呢？所以第一点是相对容易做到的，难做到的是第二点。

做网游时我们就平移了这种策略，一定要做中国最好玩的游戏，而且要玩家主动告诉别人这个游戏好玩。在线人数跟宣传没什么关系，跟题材和形象代言人也没什么关系，这一点跟保健品很相似。所以从保健品到网游，产品的内在逻辑是一致的。

人生秘方

创业不是引"无源之水"，栽"无本之木"。在销售中，能够赢得顾客的心，主要是产品和服务。只有产品质量好，服务让顾客满意，才能抓住销售对象。

天键是要有好产品

史玉柱说，在低谷的时候，我曾经研究过市场问题。我就分析中国的保健品，10个里面有9个是不赚钱的。

为什么不赚钱？一个原因是，可能产品功效不明显，也可能有功效，但消费者可能感觉不到。

那么就特别依赖于广告。广告一打，销量就有；广告一停，销量就下。它的市场没法靠口碑去维持。

史玉柱认为，脑白金能从众多的保健品牌中脱颖而出，巨额广告投入并非其唯一成功法门。史玉柱表示：

广告很重要，没有广告肯定不行，但产品是基础。

早在珠海巨人集团时代，史玉柱就曾经尝试过进入医药领域，并专门成立了药业事业部，医药也是当年"三大战役"的一个组成部分。当时史玉柱是这样分析的，参照美国药品市场规模，中国市场应该在600亿元人民币。为了抓住这个市场，巨人药业迅速推出了巨人治感冒、巨人止咳和巨人抗生素。不过，巨人药业的表现并不好，仅仅运行了几个月就自动解散了。

对此史玉柱是这样认为的：

做保键品，关键是手里要有好产品。当时，史玉柱手里掌握着充足的资料，在学术界，他们查过8000多篇论文，有7000多篇论文对它是充分肯定的，理论上站得住脚。更重要的是，保健品最怕别人吃过后说"吃和不吃一个样"，能让消费者服用之后马上有感觉的保健品本来就少，当时差不多有近10个类似的产品备选，选中它就是因为见效最快。脑白金恰恰符合他的要求。

史玉柱通过仔细研究市场发现，在中国，至少有70%的女性存在睡眠不足问题，而老人存在睡不好觉问题的有90%之多，并且老人和妇女还存在一个共同关心的问题，那就是如何延缓衰老。

而中国的保健品市场上有两类产品，一类是专门解决睡眠问题，还有一类是专门解决消化问题的。但是还没有一种产品使两种功能兼而有之。

他想到，若能推出这样的产品，既能让人睡得好，又能让人排泄顺畅，那么消费者会更加满意，这种产品的市场必定是广阔的，因而史玉柱将目标锁定在这类产品上。

同样的，史玉柱也将"好产品"的观念延续到了网游。早在宣布进入网络游戏的两年前，史玉柱就为进入网络游戏界做好了准备。在网络游戏《征途》的开发过程中，也一直在以一个玩家的身份去发现各种问题。

《征途》项目负责人曾透露，史玉柱身兼主策划、最重要测试员、资深玩家数职。史玉柱经常在凌晨给同事打电话，只要发现一个小 BUG，马上就得改。常常是有些程序员忙到凌晨 4 点才回家，还没暖热被窝，就又接到要求上线修改的命令。

人生秘方

　　想要在一个较大的地区站得稳稳当当，首先需要的就是实力，实力才是一个企业立足的基础和关键。打下江山，从而在这个地区占据主要的优势。产品的质量关系到一个企业的生死，必须要重视。

第三章
管理良策：管理也有人情味

关于企业文化建设，即使你的制度再完善，如果没有企业文化的配套与补充，企业管理也将是徒劳。因为任何一个制度都可以钻空子，所以只有将文化建设作为补充，这样整个企业管理才是健全的，整个公司的气氛才是健康的。

追求细节的完美

巨人前副总王建回忆起珠海巨人时代时，曾这样说过："（集团办公会议）经理们从未出现缺席的现象，因为即使迟到也是要被罚款的，类似没有完成规定的科普文章发布篇数、周末分公司无人值班等，同样是要被罚款的。巨人的制度，相当重视行为细节的管理。"

史玉柱在《赢在中国》点评选手时，表明了他的细节管理的观点，他认为："公司一旦战略定准之后，是细节在决定公司的命运，决定公司能不能做大。"他说道：

现在的时代，战略正确之后细节是决定因素，有很多细节处理不好，你的战略正确了也会失败，或者该做大的也没有做大，就失去了机会。找不到其他问题，我只能在这上面做了。挑不着，我只能提示你，在细节上要特别注意。你现在实际上面临一个爬坡的时候，爬得好，可能爬得很大，爬得不好，就（停）在现有规模上。你现在应该面临着将要爬大坡的时候，所以我提醒你注意细节，注意研发上面、生产上面、营销上面、管理上面等方方面面的细节。

你作为一把手，你应该能发现哪些细节是最关键的，并自己抓最关键部位的细节。我过去是这样做的，我觉得这么做往往会成功，这不是做广告，像《征途》，我只抓市场调研，我自己搞，其他事一点也不管，这个细节非常重要。你也要找一个最重要的决定性环节的细节，自己亲自去抓。

如果说管理的一般法则是科学，那么，对细节的管理就是艺术，企业处理细节的能力就形成企业管理的能力。"现在公司抗风险能力比过去强多了，很多不了解的人以为我们管理很弱，其实在管理上，史玉柱是极其实在的，外表宽松，但流程非常严格。"征途网络的副总经理汤敏说。

史玉柱在渠道管理上很细心，他终端工作的检查还经常出其不意，上车后才决定查看哪一个销售店面，当销售经理在最好的销售店面做好充分的准备后，他却要求换店观看。每次去商场的脑白金销售点调查时都首先看看有没有灰尘，是否有假货，以及生产日期等。史玉柱甚至常常选择乡镇销售店，这些店最容易被忽视却又最能体现管理细节。

对此，史玉柱的解释是："我曾经是一个著名的失败者，我害怕失败，我经不住失败，所以只能把不失败的准备工作做好。"

企业经常面对的都是些看似琐碎、简单的事情，却最容易忽略、最容易错漏百出。其实，无论企业也好，个人也好，无论有怎样辉煌的目标，如果在某一个环节连接上，某一个细节处理上不能够到位，都会被搁浅，而导致最终的失败。"大处着眼，小处着手"，才能达到管理的最高境界。

我今天的成功和过去的失败有很大关系，过去的失败源自管理和战略的失败，我现在追求的是完美主义。

世上不可能有真正的完美，但无论企业也好，人也好，都应该有一个追求完美的心态，并将其作为生活习惯。目前，很多企业虽然有远大的目标，但在具体实施时，由于缺乏对完美的执著追求，事事以为"差不多"便可，结果是：由于执行的偏差，导致许多"差不多的计划"到最后一个环节已经变得面目全非了。

海尔的管理层常说这样一句话："要让时针走得准，必须控制好秒针的运行。"这句话说明了细节管理的重要性。只注重大的方面，而忽视小的环节，放任的最后结果就是"千里之堤，溃于蚁穴"。海尔能够创造出世界知名的国际品牌，其企业管理从未放弃过小的细节，甚至细致到工厂的一块玻璃、一棵树木。

对于如何激励员工追求细节上的完美，史玉柱作了详细的回答：

我是在两方面做工作：第一（是）企业文化；第二（是）管理，在这两个方面落实。我们的企业文化里面就要求我们每位员工做事就是聚焦聚焦再聚焦，能把每件事都做到极致，做到无法完美了再停下来做其他工作。这是企业文化的不断灌输，文化的灌输工作是长期的工作，我们一直在致力于做这件事，我感觉还是非常有用的，也一直是在进步中的，但是还没有达到最理想的状态，随着时间的推移我相信会越来越好的。

管理上，我们要求在管理上每一项工作都有考核，做到以极致的标准去考核，对每个环节实施重奖重罚。两个方面实施之后，我觉得我们做得还是不错的，虽然没有达到最理想，但是我们一直在进步，在这个行业内我相信我们是名列前茅的。

人生秘方

　　做生意光凭满腔热情和微笑服务是远远不够的。俗话说：活到老，学到老。平时必须多动脑筋，多换位思考，在掌握经营知识的同时，还要在细节上下功夫，千方百计地满足顾客要求，使消费者满意、放心。只有这样，才能在瞬息万变、日趋激烈的市场竞争中立于不败之地。

对干部要充分授权

　　2002 年 10 月，史玉柱受邀作了一个《关于民营企业如何在困境中崛起以及巨人集团今后发展的战略》的演讲，在演讲中，史玉柱谈到了对干部的授权问题。

　　对于干部呢，充分授权。我觉得美国通用它这点做得非常好。不管它现在眼前出了什么问题，我觉得它的授权做得确实非常好。因为我看它的分析确实有道理。比如说生产线，生产线怎么改造能提高它的生产率，董事会的决策不如生产线的一个普通工人的决策准确……董事会去制定一个生产线如何改进、如何提高生产率，肯定是不准的。那如果是让一个最不懂的人做决策，最懂的人不能做决策，这必然会造成人的能量发挥不出来。解决这个问题的办法就是让最了解情况的人有决策权。所以这就要求我们充分授权。所以现在我们一直在注意这个问题，做得也不一定很好，但是一直在注意这个问题，稍微注意一点，就发现确实公司没有内耗，而且干部的凝聚力也强。因为他有权力、他得到尊重，所以他干得心情也舒畅，工作热情也高。

　　像巨人不管是在高峰还是在低谷的时候，没有出现一个"叛徒"。发不起工资的时候都没出一个"叛徒"，我觉得这与我们这条有关。真正的巨人干部没有出来说过对巨人不利的话的，这与这些干部得到充分授权有相当关系。

史玉柱认为"充分授权"也可以提高管理效率。

充分授权公司工作效率会提高，一个企业在人数不变的情况下，做出的贡献更高。过去我们管全国市场，月销售额在 5~44 万元的时候，总部有 500 多人从事管理；现在一年 10 多亿元的销售额，我们总部真正实行管理的全部人员只有十几个，但是管得也非常好，但每个人他都有权力。一个人干几个人的活，他又有权力，一个人又拿两个人工资，所以他也开心，效率又高。这是关于授权问题。

2001 年，"脑白金"销量突破 13 亿元之后，史玉柱随即将日常管理扔给了大学时的上铺同学陈国。史玉柱完全相信陈国，因为，巨人大厦失败后，"陈国、费拥军好几年没领工资，也一直跟着他"。

2001 年开始还国内的债，人数有一千多人。这个做完之后，到 2002 年的时候，史玉柱开始从管理位置上退下来。他自我感觉他的团队培养得还不错。那时候规模没有现在大，人数有七八千人。这个团队运营得非常好，所以他就退下来了。

2002 年，陈国去世后，史玉柱没重新接管"脑白金"，他将担子交给了刘伟。刘伟加入珠海巨人集团的时候，只是个普通的文秘。"刘伟做上海健特副总，她分管那一块，她花钱就是比别人少很多。""她跟了史玉柱 12 年了，没在经济上犯过一回错，史玉柱自然非常相信她。"

据刘伟介绍，在运作脑白金和黄金搭档的时期，史玉柱也基本只做一件事情：思考产品的营销策划。到了 2004 年，史玉柱一开始"打游戏"就对保健品撒手不管，于是刘伟等人就开始接手脑白金和黄金搭档的营销和市场。并对黄金搭档的营销进行了一次大幅调整。淡化礼品现象，打出了"补钙补铁补锌"的广告，并调低了价格。刘伟说："我们没有恪守史玉柱的战略，事实证明我们的调整是正确的。"

2004 年以后，史玉柱还提拔了一大批研发技术方面有突出表现的员工担任高管，如袁晖、丁国良、纪学锋等人。

2007 年 8 月，投身《巨人》研发的史玉柱开始淡出《征途》的管理，纪学锋这个 1979 年出生的复旦数学系硕士生被史玉柱推到了《征途》的管理前线。最初，纪学锋还经常会拿捏不准一些细节而请史玉柱来把关，但是现在，纪学锋已经能够掌控全局并开始创新，《征途》融入了很多即时战略游戏的元素，就是纪学锋的大胆尝试。史玉柱赞赏道：

我觉得纪学锋比我做得更好。这个小伙子非常优秀，《征途》整个项目他管理比我关注的期间做得还要好。也不光他一个人，他也有他的团队，我觉得这个团队也完全培养出来了。像这次《征途》在线人数从 96 万人上升到 1 5296 万人，这个上升过程中我是一点没有参与的。这个上升完全是这个团队的功劳。

在管理上，史玉柱的影子在这家公司正在不断淡化。史玉柱笑称自己是一个很少来办公室的不合格的公司领导者。2007 年 9 月，刘伟被史玉柱从上海健特生物调到了巨人网络并担任总裁。"他更加放权，"刘伟说，"我觉得我们公司的管理在国内还是非常强的"。刘伟表示："其实史总他以前很少抓管理上的事，我们还有位 COO，张旅，他是最早就来征途，征途刚创业的时候张旅就来了，一直就担任一个常务副总的角色。现在是首席运行官。他也是我们老巨人的人了，也差不多也是 1992 年、1993 年加入公司的。之前就是张旅主要负责管理上的事，史总抓研发。到公司筹备上市的时候，我就来负责上市这个项目。正式过来担任总裁是 2007 年 9 月份。"

史玉柱和研发团队每天都需要开会，但是巨人网络公司管理团队的办公会议，却是每周才开一次，史玉柱也不一定会参加。"我们会把一周积累的事情在会上和史玉柱进行一些讨论，"巨人网络总裁刘伟说，"其实大家的想法都很一致，10 多年的配合让大家显得很默契，史玉柱对我们也很放心，不需要依靠繁琐的流程和频繁开会来解决问题。"

我觉得我不是好的领导者。因为我在公司管的事很少，领导者大事要自己管，我大事都不管。我们公司现在有 60 亿元现金，现在放在哪我都不知道，使用现金我也不签字，这些事我都不管，我只管我爱好的事，所以我做领导不合适。但是好在我有很强的团队，像刘伟，她就在做全面工作，她就在全面地治理公司。

我没有担任过主策划。外界可能感觉到我做的事很多。其实公司重大决策是刘伟提方案，基本定型我会参与讨论，前期论证筛选都是她（刘伟）的工作。董事会召集、平时跟董事打交道，我从来跟董事不见面，都是她的事。管理层，办公会议我从来不参加，人事她管，财务她管，公司的计划制订她管，目标考核她管，每个员工工资多少我不知道，干部工资多少我也不知道。

史玉柱对于巨人网络公司的日常运营非常放手，放手到连巨人网络公司纽交所上市的整个过程都很少过问。巨人网络执行总裁刘伟说："聘请审计师和律师、配合机构做前期的辅导工作、路演、做报告……这些工作史玉柱都很少过问。这些'琐事'都是巨人的管理团队一手操办。"

现在公司已经在脱离我了，我现在的角色更像是一个游戏评测师。在管理上巨人（网络）已经脱离了我，哪一天如果游戏评测也脱离了我，这个公司就可以社会化了。尽管上市了，我还在里面是大股东，我希望这家公司靠一些职业经理人打理，股东对它没什么影响，我希望巨人（网络）成为这样的公司，这样我的心里更踏实一些，而且这样才能成为百年老店。

人生秘方

授权是在管理中比较有效的激励方法。授权意味着让基层员工自己做出正确的决定，意味着你信任他，意味着他和你同时在承担责任。当一个人被信任的时候，就会迸发出更多的工作热情和创意。所以，不要每一项决策都由管理人员做出，完全可以授权的事不要自己去做，管理人员要担当的角色是支持者和监督者。

团队执行力是关键

"执行力"是令众多老板又爱又恨的一个词。企业如何行令畅通，如何将宏伟的蓝图变成胜利的果实，执行力是个关键因素。脑白金和《征途》两个团队的执行力相信会给许多人留下深刻印象。尤其是前者，遍布全国2000多个办事处网络，上万个销售终端，动作划一，令行禁止。整个系统运行多年依旧保持高效，且基本不出故障，的确让人惊奇。

如果谁说史玉柱团队的执行力差，他可以这么说，但史玉柱绝不会承认。每年大年三十，人们可以到全国50万个商场和药店去看，别人早回家过年了，但是巨人的9000名员工依然顶着寒风在那里一丝不苟地搞脑白金促销。如果执行力不行，干劲是哪来的？

比如在这些中小城市的网吧里，两个商家争着贴招贴画，你盖我的，我再盖你的。如果我们的招贴画被对手盖了，我们的人肯定会在24小时之内发现，而对方多半一个礼拜都不去看一下。再比如，招贴画大家相互盖，而我们的人很快想出一个妙招，就是把招贴画做得比对手大一圈，边上全部写上"征途"，让对方如何都盖不完。这就是执行力的差异。

史玉柱为脑白金和征途提出的企业理念是：说到做到，严己宽人，只认功劳，不认苦劳。这十六个字也可以理解成是企业执行力不可或缺的元素。

在史玉柱那段比较困难的时期，为了反思珠海巨人时期的失误，史玉柱经常向柳传志请教，柳传志给了史玉柱很多管理上的经验。"说到做到"是"柳氏心法"的一个重要内容，史玉柱把它移植到了自己再创业而建立的上海健特。2002年，史玉柱在接受媒体采访时表示"说到做到"在现代的管理中至关重要。

"说到做到。"你只要承诺，几月几日几点钟做完，你一定要做完，完不成，不管什么理由，一定会遭到处罚。往往越没本事的人，找理由的本事就越高。我们干脆不问什么原因了，你部门的事你就得承担责任，不用解释。所以现在大家都说实话，不搞浮夸了。

现在，我允许分公司少报销售计划，但绝不许谁报多了没有完成。最初时，有好几个分公司领导因此一个月就被罚了十几万，如今"说到做到"在公司内部已基本实现，公司内部的信用危机消除了。

"说到做到"是柳传志对"求实"的最佳注解。他说："我们靠的是说到做到赢得了我们大股东——中科院领导的信任，才有了今天让经营者充分施展的舞台；我们的领导班子靠的是说到做到赢得了广大员工的信任，才形成了这支拖不垮、打不烂的坚强队伍；我们的企业靠的是说到做到赢得了广大用户和合作者的信任，才有了今天的市场份额和继续上进的基础。1998 年香港的红筹股受到了极大的挫折，而联想的股票却凸出的坚挺。我们的股市策略极其简单，核心还是说到做到。"

一个企业要成功，就必须说到做到，但是要说到做到，联想对这个要求得很精准。杨元庆曾说："IBM 过去的文化里，会先承诺一个比较高的目标，但是最后年底完成率约有 80%～90%，然后大家就想办法找理由解释。更要命的是，各管理层都可以宽容这些，90% 也 OK，80% 也行，但他们不知道，这样下去大家就没有一个底线了，没有什么事情是不能容忍的。我现在主张，你说到就要可以做到，只达成 99%，都不算达成目标。"

当然要做到这样惩罚就不可避免了，和一般公司只奖励先进不惩处落后不同，史玉柱每次开公司总结大会，都一定是让最佳和最差的员工同时登台——最佳上台领奖金，最差下台领黄旗。

在管理上，我们要求在管理上每一项工作都有考核，用极致的标准去考核，对每个环节实施重奖重罚。两个方面实施之后我觉得我们做的还是不错的，虽然没有达到最理想，但是我们一直在进步，在这个行业内我相信我们是名列前茅的。

可以说重奖重罚是"说到做到"的一个延伸。如果说到没有做到，那是要动真格的。2007 年时《巨人》有一次在节点（项目的关键点）上没有完成目标，为此，总经理丁国强及几位核心骨干都被处以 1 万元的罚款。

有罚便有奖，巨人网络成立至今，奖励最大的一次是 5 万元，纪学锋拿到了这笔奖金。奖励是惩罚的 5 倍，这是巨人网络的奖惩导向。而在标准制定上，刘伟采用了节点指标的办法："我们不会有很模糊概念，不是说巨人成功了奖多少，是没有这个概念的。比如说在内测这个节点，你要做到哪些指标，公测你要做到哪些指标，分解成一段一段这样来的。"

有媒体采访史玉柱时，《征途》在线超过百万，针对这个成绩你制定什么样的员工奖励政策？史玉柱的回答是：

我们每个季度或者每个项目重点节点都定奖罚措施，只要取得大的成就我们内部一定会有一次发奖金的过程，该奖一定奖，奖罚分明。所以你刚才说《征途》到 152 万元，一定会有奖金，不但有奖金，我还会请获奖者喝一顿。如果没有达到具体的目标该罚也会罚，这就是我们管理的基本原则。

手册，是执行力的保证。

在史玉柱刚开始做脑白金的时候，就是通过操作手册使销售人员将脑白金迅速推广开来的。

我和我的核心层亲自摸索出一套方案，我们称为傻瓜型的操作手册，有十几页。业务员只要按这种方案操作就行。后来我们把这套方案推行到200个城市，都取得了成功。

史玉柱在《赢在中国》节目中曾多次强调手册的重要性，他说道：

你需要一个规范的技术操作手册。这个手册，要具有简单、可操作、灵活等特点。也就是说，要让人一看就懂操作了，而且手册要具有能应对各种复杂情况的灵活性的特点，不能在苏州能用，到常熟就用不了了。应该学麦当劳，它做汉堡的手册有一尺多厚，主要目的就是应对各种复杂情况的。

小到"脑白金"贴在商场玻璃门上"推""拉"广告的高度，大到经销商回款晚一天其信用评级下降一颗星，这些在脑白金和《征途》的行动执行手册中都有详细规定。这些事无巨细的手册，几乎成为员工们的"红宝书"。

尤其是"脑白金"，经过 10 年打磨，已成一台高度严密的机器，任何人放在特定的岗位都能规范化操作，执行力也就得到了很好的保证。

人生秘方

拿破仑·希尔指出："人与人之间只有很小的差异，但这种很小的差异却往往造成巨大的差异。很小的差异就是所具备的心态是积极的还是消极的，巨大的差异就是成功与失败。"成功往往不是能与不能，而是做与不做。不做就永远不可能成功，要做就要怀着积极的心态。确定明确的目标，选择正确的方法，采取快速的行动，尽快达到预期的目标。任何成功者的实践表明：心态正确，将一通百通；心态不对，则将一事无成。

制度大于人情

说到制度，人们不得不对史玉柱竖起大拇指。"脑白金"前期的督察实施相当严格，扣罚严厉，各市场人员几乎没有幸免于难的，甚至有些市场部月月被罚。每个销售经理背后附带多人信用担保，曾经有一个大区经理不信这个"信条"，结果他与他的一系列担保人一起被罚 50 万元。但正因如此，"脑白金"树立了制度的权威性，保证了工作的准确执行。当然，必须在此同时提及"脑白金"公司与之相关的待遇政策：相关岗位待遇为同行 120% 以上，平均 150%。

巨人网络副总裁汤敏说道："很多不了解的人以为我们管理很弱，其实在管理上，史玉柱是极其实在的，外表宽松，但流程非常严格。"

史玉柱认为，在公司里，如果人有情，管理也有情，这样的公司是肯定要出问题的。

史玉柱曾多次向《赢在中国》选手提问：若一员工无意中损害公司物品，按规定需赔偿 10 万元，而本人无赔偿能力，你怎么办。对于这个问题，史玉柱自己的答案是：

管理无情人有情，我们不能把人情看得比制度更重要。一个合理完善的现代管理制度的价值要远远比眼前的几十万块钱重要。这是一个优秀的现代企业必须具备的素质。如果我们靠人情来管理一个企业，那这个企业离破产就不远了。人可以有情，但制度必须是无情的。这个问题，换成问我，我这样处理：首先判断这个人对公司的贡献度大不大，重要程度如何，如果不重要就开除，让公司员工认识到制度的严肃性和管理的无情；如果这个人很重要，公司离不开他，那么我私下可以借钱给他，让他赔偿，但我绝对会照章处罚，否则对会司造成的损失将不能用金钱来衡量，因为一个公司最大的财富和价值宝藏——制度，被损坏了。

柳传志在联想创立之初。还为联想设立了若干"天条"，这些"天条"成为联想不可触碰的雷区。"天条的意思就是谁违反了绝对不行。"在联想，对于触犯"天条"的员工，一定会受到类似于军法处置的严厉惩罚。

柳传志说："公司对表现优秀、做出贡献的职工给予提高奖金、提升职务职称、出国学习工作等方式的奖励，对犯错误或违反'天条'的职工给予批评、扣发奖金、退交人事部甚至开除等处罚。由于公司的正气引导和纪律约束……锻炼和造就了一支老中青结合、纪律严明、仪表严整、团结协作、朝气蓬勃的职工队伍。"

在有些人眼中，开会迟到看起来是再小不过的事情，但是，在联想，却是不可原谅的事情。联想的开会迟到罚站制度，二十多年来，无一人例外。柳传志认为，立下的规矩是要遵守的。他说："在我们公司有规定，一定规模的会，就是二十几个人以上的会，开会迟到的人需要罚站一分钟，这一分钟是很严肃地站一分钟，不是说随随便便的。因为开会的机会太多，要是总有人迟到的话，所有的事情那就都办不成了，所以我们定了规矩：只要你不请假，不管多重要的事情，都不能迟到。迟到了就要罚站，罚站就一定要站一分钟。罚站的方式是把会停下来，大家看着你站一分钟，像默哀似的，让你很难受。"

迟到罚站，柳传志本人也不搞特殊化，他也曾被罚站过三次。"这里面我大概被罚了三次，我被罚了三次其实不算多了，因为我开会最多呀。有一次是被困在电梯里面，电梯坏了，叮叮敲门，叫人去给我请假，最后没人，这种情况也是要罚站的。"

柳传志认为，管理中的"管"代表严格的管理制度，管人、管物、管财都是非常严格的；"理"代表一种软的手段，是理顺行为、理顺思想、理顺一个人整个的工作行为。

我以前心肠也特别软，但有一次柳传志跟我谈，他说他们公司规定，开会的时候迟到是要罚站的，迟到多长时间，就罚站多长时间。有一次，本来约定八点开会，结果突然市领导找他谈话，等回来参会就晚了，按一般情理来说，柳传志也是为了对联想很重要的事才来晚的，可以不罚站，但柳传志仍然坚持罚站，直到时间到了，他才坐下。这个例子对我触动很深，一个公司的规矩太重要了，谁都无权破坏。

管理必须无情。

人生秘方

　　管理是一项非常重要的工作，企业只有通过有效的管理，才能调动各项资源，从而创造最大的效益。而制度化管理是企业管理最基本的工作。结果要靠过程来保证，制定制度的目的就是保证人们能够正确地做事而不做错误的事。

得人心者得天下

　　有人说，精神领袖往往具备两个显著特征，其一，不可抗拒的人格魅力；其二，常人不及的执行力。

　　精神领袖比如通用电气公司的韦尔奇、海尔集团的张瑞敏、阿里巴巴的马云，都是通过人格魅力迅速地集结兵力，成立无坚不摧的创业团队，由此可见，精神领袖是极富凝聚力的活动组织者。

　　俗话说，得人心者才能得天下。史玉柱尽管不是管理科班出身，但他也是个明白人，并非人们想象中的那种木讷书生。

　　在征途公司，史玉树不当总裁，只指挥大事。正因为如此，许多人认为史玉柱的管理非常弱。但是，追随史玉柱15年的征途公司的副总经理汤敏并不赞同这种观点。她说："现在公司抗风险能力比过去强多了，很多不了解的人以为我们管理很弱，其实在管理上，史玉柱是极其实在的，外表宽松，但流程非常严格。"

　　征途公司的副总裁袁辉说，史玉柱做公司，表面上看运营比较忙乱，但实际上计划性很强，并且善于总结，尊重客户需求，但不完全跟着客户走，而是引导客户。

　　史玉柱不能当总裁，从另一个方面来说，他是在给自己空间，也给下属空间。对于巨人网络公司。史玉柱表示：

　　实际上这个公司日常运作我是一点不管的。我要有什么想法、看法的时候，会通过网络及时发个信息给他们。他们对我的看法会去研究，有否定，也有肯定的。

华润董事长陈新华总结出一句很实用的话，叫"一步一回头"，就是不断反思决策和管理实践中的经验教训。

而史玉柱现在的管理方式，可能会给人一种无为而治的感觉。归根结底，这种"无为而治"也许跟他当年的什么都要管而酿成的大祸的教训不无关系，这正是史玉柱不断反思过去的结果。史玉柱在总结曾在剖析"巨人"的四大内伤时就提到过："……三是抓管理面面俱到，没有重点。巨人过去的规章制度很全，从营销、策划、质量管理到统计报表怎么做，无一遗漏，加起来能有一尺厚。面面俱到的管理，理论上可以，实际上根本做不到，不过这一点，我当时没有意识到，最终导致巨人的管理流于形式。"

现在史玉柱已经研究出一套合理、有效的管理制度。

史玉柱说，无论哪套管理，在他看来，目的无非有四：一能让员工的积极性最大限度发挥；二能让销售额最大化；三能让成本最小；四能让货款及公司是安全的。

事实已经充分证明，几年下来，上述几个目的在巨人集团都得到了很好地实现。

在《赢在中国》节目中做评委时，史玉柱对某位选手从企业管理方面进行了提问：

你是怎样管理的？

靠我培养的合格店长，这些店长一般都是我的学校一、二、三期毕业的，我对他们放心。

要靠制度，不能靠人的本性。史玉柱这样说道。

在搞网游开发时，史玉柱的研发团队是一群只有二十多岁的年轻人。在网游行业，人才是极其稀缺的。这20个人组成的团队一大特点就是年龄小，当然也就会年轻气盛。史玉柱对他们的管理，没有因为是特殊人员就特殊对待。

史玉柱坚持的原则是：工资可以不分级别，但是制度一视同仁。公司要有铁的纪律。也就是说，绝对不能特殊化。

有资料显示，在当时，这20个人的研发团队的薪水、期权与同行业相比是非常高的。在他看来，征途公司的研发团队一定要按照传统行业的管理规定来要求，这样才能保证战斗力。而在开发过程中，遇到分歧时，史玉柱则是强调沟通沟通再沟通，反复分析不同的利弊。

人生秘方

现代企业一定要把管理做好，管理本质不在于知而在于行，照搬别人的模式不一定适合自己，实践出真知。

管理要步入现代化

史玉柱在获得 CCTV "中国经济年度人物" 奖时，颁奖词是这样说的："第一次，他上演了一个成功的版本；第二次，演绎了一个失败的案例；这一次，他从哪里跌倒就从哪里爬起来，并完成了对企业家精神的定义：执著、诚信、勇于承担责任。"

同时，史玉柱也完成了自己对企业管理的一套行之有效的管理"战术"。

早在 1994 年元旦献辞中，史玉柱就强调："我们创业时的管理方式，如果只维持几十人的状态，不会有问题。但是按照现在的管理方式是不可能运作规模最大的公司的。巨人集团正在向大企业迈进，管理上必须首先上一个台阶。为此，我们要牺牲公司的一些业务，甚至牺牲一些员工的利益。"

1994 年春节后，史玉柱宣布，请北大方正集团总裁楼滨龙出任巨人集团总裁，公司实行总裁负责制。史玉柱在会上坦诚地说："我本人有很多缺点，加上是技术出身，没有做过管理，因此犯了不少的错误。为了公司进一步的发展，所以请来高人执掌巨人。"

虽然后来因为各种原因，"高人"并没能解决巨人集团的一系列问题．但我们也能看出，这是史玉柱在尝试将自己的公司朝着现代企业管理方式上发展。

而今天，史玉柱已经认识到：作为企业的一把手，你要花精力去进行战略思考，对企业来说，一个正确的战略带来的收益，将远远比你自己去攻一个客户赚的利润要大得多。另外，在管理上，也要多花一些精力去琢磨和研究。

在参加《赢在中国》节目时他对选手门传喜说过这样的话：把自己的思路打开一点，尤其是要学习一些现代企业制度。

其实，这也应该是史玉柱从自己的公司管理中摸索出来的经验之谈。

他也曾对参加《赢在中国》的另外一名选手说，现代企业制度意识要加强。出差还把财务章带在身上，这完全是个体户的观念，一个有完善的现代企业制度的企业是不会那么干的。我的企业拥有的现金大概有 68 亿元，但现金放在哪家银行我都不知道，更不会把财务章装在自己口袋里。我有一个专门的总裁管这件事，没董事会决议，谁也动不了。所以我给你一个建议，你要有现代的企业管理制度。

对于已经取得相当规模的公司来说，我建议考虑股权、期权或是其他方式。在公司小规模的时候，我很赞成一人持股，其他人以现金作为回报。

在担任评委时，他也曾多次提出这一点，要重视做好一本手册。他说：

要花大的精力建立一个连最基层的员工可以看明白及易于操作的手册，尤其是《管理手册》和《营销手册》。

应该学习麦当劳，它做汉堡的手册有一尺多厚，主要目的就是应对各种复杂情况。麦当劳正是把各种情况都考虑到了，所以它在全世界做的汉堡都是同等品质。企业要做出 4S 服务，这个功夫也是要下的。

当然，不论这本手册是关于生产方面的，还是管理方面的：

手册的内容越详细越好，功能越全越好，但在使用的方便上，又必须像傻瓜相机一样，小学毕业生都会用。

在中国的企业读本中，我们习惯看到的是洋洋洒洒的著作，漂亮却未必管用。对于要保证执行力的企业来说，"三大纪律八项注意"式的宣导模式更见成效。

而史玉柱的要求不同。在史玉柱的管理小册子中，《终端管理手册》《周边市场管理手册》《办事处管理手册》《经销商管理手册》等，大多就几页纸样子。言简意赅、通俗易懂，却说一不二。

人生秘方

> 作为企业的一把手，要多花精力去进行战略的思考，尤其是在管理上，要多花一些精力去琢磨和研究。对企业来说，一个英明的战略带来的收益，将远远比你自己去攻一个客户赚的利润要大得多。

毛泽东思想是"指路牌"

常言道："国有国法，家有家规。"没有规矩不成方圆，一个企业不能没有制度，一个没有制度的企业就相当于一辆没有油的汽车，不管车有多大，没有油他是不可能前进的。

怎样才能严格地规范公司制度、怎样才能让制度化管理落实到公司的每一个层面呢？杰克·韦尔奇说过："军事化管理改变了商业思维。"史玉柱深深地"迷恋"着"军事化管理"。

2001年，在参加中央电视台《对话》节目时，面对在场观众、嘉宾、主持人的集体反对，史玉柱还是坚持认为，从毛泽东军事思想中寻找管理经验本身并没有错，自己之所以栽跟头，是因为对毛泽东军事思想的研究还不够深入。

为什么即便是在经历了毁灭性的失败之后，史玉柱始终相信军事化管理能够带来成功？

一个重要的原因就是，军事化管理的确在一段时间给珠海巨人集团创造了奇迹。史玉柱曾说：

"我总是在思考这样一个问题，就是为什么年轻人在战争时代成长得非常快，二十几岁就可以当师长、军长，就可以领兵打仗。在和平时期，成长期就长多了。就是因为战争时期对于一个年轻人来说，有非常的压力，所以现在我们花了许多精力去研究如何训练这支年轻队伍，要给年轻人非常大的压力。

1994 年下半年我们做了一次试验，模拟战争气候，当然我们不能说给他以生与死的压力，但可以给他们一些在常规下不可能完成的压力，迫使他们创造奇迹才能完成，如果创造出了奇迹可以得到可观的奖金，如果不能创造奇迹将被免职，让他在一年内做普通员工，一年后可以再次获得机会。结果证明，三分之二的人创造了奇迹，这样我们就有了一支很强的干部队伍。三个月前你见到他说话经常还说不到点子上，现在谈起自己掌管的那个部门头头是道。"

公允地说，军事化管理并非一无是处，在特定的条件下，它的确可以极大地提高一个组织的"战斗力"。

现代管理大师彼得·德鲁克也曾说过："100 多年前，当大型企业首次出现时，它们能够模仿的唯一组织结构就是军队。"

美国西点军校自第二次世界大战以来培养了上千名董事长、五千多名总裁。中国的不少知名企业家同样有过从军的经历，如张瑞敏、王石、任正非、宁高宁等。

现代企业实行军事化管理的目的是使广大员工具有良好的思想素质、作风素质和一定的军事素质，培养其服从命令、吃苦耐劳、听从指挥、严谨求实、不畏艰险的作风。它能较好地带领员工克服各种困难，能够在较短的时间内形成合力，形成强大的凝聚力和战斗力，这对处于创业阶段的企业来说显得尤为必要。

史玉柱说："我们要学习共产党的军队组织，团结、严密、步调一致、令行禁止。"

对于外界关于珠海巨人的失败源自于军事化管理的说法，史玉柱并不认同。

以前很少想输赢，经历了一次挫折，现在知道做任何事不能太浪漫，成功、不成不败和失败三种情况都要想到。成功了，接下来要做什么，失败了，我应该用什么方法去应对，比如巨人大厦那一次，我应该预计到有没有钱去填窟窿。现在我做一件事，三种情况都会想到，这是摔一跤摔出来的。出事之后再回过头来看毛泽东的传记和《毛泽东军事文选》，体会更深。毛泽东在任何战役之前，在电报里都会作几种可行性的分析，比如进军大别山，每种应对方案他都会写出来。

人生秘方

军事化管理思想可以完善企业制度建设是正确的，用军事化管理思想来武装员工头脑，培养员工组织使命感、建立共同目标、提高员工纪律性、提升企业执行力，从而完成企业的制度化建设。

企业文化很重要

企业文化是伴随企业的产生而产生，是企业生存和发展的内在动力，是规范企业和员工行为的软约束，是提升企业形象、增加企业价值的无形资产。

著名的管理咨询师余世维说过："一流的企业看文化！二流的企业看创新！三流的企业看利润！在今天这个充满不确定性的时代，变革与文化是成功企业不可缺失的先决条件。"

国内企业里，海尔的企业文化被公认为执行最到位。海尔要求必须控制好生产经营的每一瞬间，而这一政策，海尔是通过有效的监督激励机制来保证其执行力度的。

从上到下，从生产到管理、服务，每一个环节的控制方法尽管不同，却都渗透出了一丝不苟的严谨，真正做到环环相扣、疏而不漏。

所以张瑞敏认为，人的素质决定产品质量，第一流的素质才能造成第一流的产品。为此海尔人时刻都保持着"战战兢兢，如履薄冰"，生怕自己的一言一行、一举一动有损于公司的形象。由此，可以看出，人的行为是深受环境影响的，有极大的可塑性和适应性。

企业文化应当是管理的组成部分，除了正常的制度管理，企业中存在的不良风气、氛围，等等，要靠企业文化进行补充、约束和引导，以推动企业稳定、健康、持续发展。

早在珠海巨人集团时，史玉柱就提出"要做东方巨人"的文化理念。后来，史玉柱也认识到，这样过于空洞的口号，在具体做事的时候还是存在许多不好的"气氛"，暴露出许多问题。

史玉柱曾公开表示，柳传志是我最佩服的人。他说："柳传志给了我很多管理上的经验。"柳传志给他最大的影响，就是应该制定怎样的企业文化。

"我记得柳传志跟我谈过两次。一次我们在安徽开会，跟我谈了很长时间，教我企业如果从头做的话，应该怎么做？他也帮我分析了过去存在的问题。他说文化上也存在很多问题。他剖析说联想过去文化上也存在很多问题。然后怎么去重建，要提一些实用的口号，不要搞空洞的，说'我们要做东方巨人'，这样的口号太虚。""他总结了几点，后来我全部采纳了，一个是说到做到，一个企业要有这样一种氛围，从一把手到下面，承诺了一件事就一定要去做，哪怕不合理，错了，都要去做。"

"我们现在很多文化都受联想的影响。"史玉柱总结道。

人生秘方

文化是企业发展的灵魂与动力，以文化制胜才是竞争激烈的市场上最有含金量的胜利。一个企业必须重视企业文化在企业中所起的作用，执行到位。

第四章
团队建设：团队是最大的财富

　　史玉柱东山再起并接连创造商业神话，一条重要经验就是十分注重职业经理团队建设。研究表明，其职业经理团队建设经验主要归结为四个方面：第一，选人用人重看素质；第二，老板须有人格魅力；第三，满足人才利益需求；第四，职业经理培养为主。

四个"火枪手"

在史玉柱开始二次创业的很长一段时间里，他甚至没有钱给身边的人开工资。但就是这样的艰苦条件，有四个人始终任劳任怨，不离不弃。他们在后来被称作巨人的"四个火枪手"。拥有他们，是史玉柱比别人幸运的地方，也是史玉柱能够再次站起来的宝贵财富。

在老部下及员工眼里，史玉柱是一个有领导魅力的人。他的领导魅力不是因为能说会道，而是来自他对事业的激情和气魄。

在一些人眼中，史玉柱谈笑间带着邪气，为人处事也离不开一种"赌徒"的心态。而刘伟等内部人看来，史玉柱是个重情重义的人。

陈国，是史玉柱大学时睡在下铺的兄弟。在史玉柱最为困难的时候，他必须每天面对众多上门要钱的业主。

后来回忆起当年孤守空旷的巨人大厦时，陈国有种说出不清楚的感慨："当时非常无奈，都知道我们没钱，也不知道什么时候能够还钱。"而最令陈国感到为难的并不是独守大楼的寂寞，而是那些气势汹汹上门讨要钱款的债主们。

在这段时间，陈国做了一件让日后的史玉柱得益颇丰的事，让他彻底甩掉了欠钱不还的恶名。那就是，陈国全面统计了巨人大厦销售出去的楼花，并做存档处理，这些成了后来史玉柱还钱的依据。陈国对别人说："我们总不能随便就说拜拜吧！"这种责任感是陈国几年来坚守的重要理由。

费拥军，现任黄金搭档公司副总经理，他从一开始就追随史玉柱，其一个重要的工作特点就是跟随着史玉柱的工作节奏而运作。在史玉柱人身安全受到威胁的时候，费拥军曾挺身而出，全力"护驾"，属于"忠实老臣"。

史玉柱谈起困难时期几年没拿工资的陈国与费拥军时，话里话外都是感激。"我之所以能够东山再起，一个原因是我这些年经受的挫折和教训；另外就是我的核心团队，能和我一样去拼杀的团队。我身边的几个骨干，在最困难的日子里，好几年没有工资，他们一直跟着我。脑白金问世之前，我吃不准这个产品能不能做，就问他们：'你们觉得行吗？你们觉得有戏吗？'他们给了我非常肯定的答案：'行，没问题，肯定行。'我永远感谢他们。"

刘伟，是史玉柱最早的员工之一，历任文秘、人事部长、副总裁等职，现在是巨人网络总裁。

程晨，1995 年从南京国际关系学院毕业加入巨人集团，曾担任史玉柱的行政助理；困难时期她借给史玉柱 10 万美元发工资、还债，是陪同他攀登珠穆朗玛峰的 4 人之一，现为巨人集团副总裁。

汤敏，16 年前，刚大学毕业就被史玉柱派到香港，独立承担巨人集团在香港的业务。现在，是巨人网络媒体关系和行政副总裁。

有人说，在史玉柱的公司里，有一个很有意思的现象，就是史玉柱高层管理人员中女人比男人要多。史玉柱笑了，他说：

"我们公司男的多，我们这个行业（网络游戏）男的占 70% 以上，对外的恰恰是几个女的，所以有这种误解。对内的，你看我们的团队要是全部集合起来，女的外面基本都知道，男的外面基本都不知道。"

他曾这样感叹，女人比男人更忠诚，他也乐得外界形成这样一种印象：怎么史玉柱手下有那么多美女老总？

人生秘方

　　管理者是员工的榜样，员工是管理者的影子，只有高素质的管理者，才会用日常行为感染员工，给员工做出榜样。而这些榜样的感染，一定都来自于身边的真切细节。

不离不弃的真正原因

"富在深山有远亲，贫在城邦无近邻。"被多次施以道义讨伐的史玉柱，却有着一支始终不离不弃的核心团队。这也确实是一个让人很难理解的事实：无论成败，史玉柱的周围都有一群骨干。

经过一番"死而复活"的折腾，史玉柱终于知道了什么力量才能团结人——那就是真诚的力量。

管理学界有一句名言叫作："一匹狼能领导一群羊打败一群狼。"这句话充分说明了领导的重要性。"魄力型领导"能够让别人追随自己，无论自己行向何方。因为这一类型的领导者具有非凡的人格魄力，对被领导者有一种难以达到的巨大影响力。

一个企业的成功绝对不是一个人坚持的结果，而是一个团队坚持的结果，那么，如何在最困难的时候让你的团队不离不弃，史玉柱告诉了我们全部的秘密所在：当你的企业不能给员工足够的物质利益时，你所能够让员工信赖的就是你的内心真诚和坚定理想。

史玉柱说，他们之所以如此不离不弃，主要是因为大家志同道合，相信凑在一起一定能干一番大的事业；另外就是他对他们还算真诚，就是不骗他们。

早在1997年8月，在给巨人大厦做了"人工呼吸"也救不活之后，史玉柱突然松了一口气。在没事干的这段时间，史玉柱决定去实现自己的一个梦想，登上珠穆朗玛峰。

根据相关规定，珠穆朗玛峰从5300米往上是不准随便去的。如果要上就必须得雇当地的导游，因为上面很危险。雇一个导游要800元钱，史玉柱想自己的经济状况并不好，所以就没有雇导游。

就这样他们就这样义无反顾地上山了，但是非常不幸，他们在冰川里面迷路了；更糟糕的是，史玉柱的氧气也快吸光了。史玉柱不愿意拖累大家，对其他的3个伙伴说："你们回去吧，我的体力已经耗光了，又缺氧，一步路都走不动了。"

那时候，天快黑了。大家都清楚，在气温只有零下二三十度的情况下，只要天一黑，他们肯定要被冻死。但是，没有一个人愿意独自离开。

幸运的是，最终他们找到了一条路。三个人把史玉柱拖到了路上，然后一起走下了山。

谈到自己的部下，史玉柱说："我觉得我和他们在工作上面是经常会发生冲突的，但是个人关系确实非常好。我觉得我比不少的民营企业老板做得好，对自己的下属，对他好是真心的。"关于这一点，史玉柱还强调，"对于自己的团队成员，你潜意识里要随时认定他们和你是平等的，有同样人格，那么你就学会尊重他们。"

当然，所谓尊重首先得自己学会尊重自己。史玉柱说："再加上我们是年轻人，没有什么政治斗争，大家也没有斗争经验，也不斗争。"

那么，即使穷到发不了工资，发领带也成。史玉柱最得意的是，1997 年之后，整个团队都没有人用手机了，大家腰里都别一个 BP 机，"他们都是自发的，手机停掉，他们缴不起了，不是我要求的，他们是自发的"。

正是因为如此，史玉柱带领的人员中，珠海巨人集团的高层一个都没有被别人挖走的。

一直追随史玉柱的副手刘伟后来说："老史这个人总能把事情说得特别有吸引力。"她认为史玉柱说话特有煽动性，"把我们向他想煽动的方向煽动，如果你一直跟着他的话，在他最困难的时候，你会毫不犹疑地相信他还会成功。我们总是为他设定的目标吸引，一直向前。"

珠海巨人集团遭遇危机的时候，和史玉柱一起创建过珠海巨人集团辉煌的人，凭自己的能力和资历其实都是可以独当一面，但最终他们选择了坚守。对此，费拥军的答案是："兄弟有难，不能抛下他不管。"他认为，史玉柱不是为了一己私利背上这个包袱的。在大家眼里，史玉柱就是一种希望。

在费拥军的眼里，史玉柱是一个"很有天分"的人，"同样的事、同样的分析，你就得不出他那样的结论，而且，他往往是对的"。

所以，后来就有人评论说，有这么一帮甘当老二老三的人协助，史玉柱即便没有脑白金，也还会有别的机会。

史玉柱说，我对他们还算真诚，就是不骗他们。史玉柱说他不骗他的兄弟的时候，也深深地体验到了内部的骗与被骗是多么伤害感情。对于一个团队来说，信任是多么重要。

一个企业的成功绝对不是一个人坚持的结果，而是一个团队坚持的结果。要和团队多谈心，多了解情况，多知道他们的想法，尊重并真诚地对待他们、使自己的团队在任何时候都能团结一致，为既定目标努力。

要学会尊重团队成员

创业激情和对人的真诚，让史玉柱在巨人失败的时候，磨炼出了一支出生入死的团队，可以说是让史玉柱在一定程度上拥有了最大的胜利。对于这个团队，他曾多次表示：

在组织或团体中的任何一个人都是平等的。无论是部门经理还是高级主管，与部下之间并没有本质差别，唯一的差别就是大家分工不同，所处的职位不同。

人是一面镜子，你用什么态度对待员工，员工就会用什么态度对待你，管理者对待员工的态度也就是员工对待管理者的态度。

所以，只有彼此"真诚"，才会相互"尊重"，才会让管理者与员工感到彼此之间在人格上是平等的，才会充分发挥人力资源的潜能，切切实实地为企业降低成本。在刘伟等人看来，史玉柱是个重情重义的人。脑白金2001年销量突破了13亿，史玉柱随即授权陈国打理日常事务。

翌年，陈国发生车祸。当时史玉柱正在兰州开会，听到这个消息，史玉柱如在梦中，不敢相信是真的。他撂下电话后连夜飞回上海，等赶到医院时，陈国已经是奄奄一息。

当年，和妻子离婚的时候，史玉柱哭过。也就是在那个时候，这个硬铮铮的"铁人"发誓，以后绝不会再哭。然而，这一次陈国的意外身亡却给了史玉柱很大的打击，史玉柱再次落泪了。之后，全公司停掉所有的业务给陈国办后事。

史玉柱在后来回忆时表示，那是一种"断臂之痛"，是自己失去了一只胳膊。此后每年清明，史玉柱都会带着公司高层管理人员去祭奠。这件事情过去之后，史玉柱对高层管理人员用车也做出了要求，只用"SUV"（运动型多功能车），并禁止所有人在上海之外自驾车。

此事过后，史玉柱并没有重新接过原本陈国负责的"脑白金"，将这方面业务完全交给了刘伟。

原因很简单："刘伟做上海健特副总，她分管那一块，她花钱就是比别人少很多。"

"她跟了我 12 年了，没在经济上犯过一回错，我自然非常相信她。"

"脑白金"在全国 1800 多个县都有销售渠道，销售旺季时拥有超过一万名员工，各地一共设立了 300 多个办事处，刘伟能叫出其中大部分办事处经理的名字。

"我需要充分信任的人不用多，四五个就够了。"于是史玉柱坚持精简总部。珠海巨人销售额达两三亿元时，总部已经达到了三百多人，而"脑白金"做到 10 多亿元时，总部只有十多个人，其中自然有他的"四个火枪手"。

在这物欲横流的社会，有多少人愿意誓死追随一个负债超过 2 亿的人呢？而这些人就像诸葛亮对孟获七擒七纵一样，最终使孟获输得心服口服、自动归降。由此看来，史玉柱绝对具有领导者所需要的人格魅力。

人生秘方

只有彼此真诚，才会相互尊重，才会让管理者与员工感到彼此之间在人格上是平等的，才会充分发挥人力资源的潜能，切切实实地为企业降低成本。

充分发挥团队的作用

美国著名球星迈克尔·乔丹说过：一名伟大的球员突出的能力就是让周围的队友变得更好。在关键时刻，优良的团队精神可以显示出它巨大的能量。

诺基亚公司的成功得益于他们的团队精神，微软没有各个部门、各个层次的员工协作，就没有 Windows 系统成功的市场推广。

曾经令巨人集团和史玉柱引以为豪的年轻团队，的确给巨人带来了许多的活力、冲劲与闯劲。然而，也正是这样一支团队，却无法经受住利益的诱惑与考验。人才的大量流失成为史玉柱和巨人集团所始料不及和难以掌控的。

为了摆脱人才流失的难堪局面，史玉柱开始着手他的"精神领袖"计划。"擒贼先擒王"，在企业员工凝聚力还一时无法通过尚未成形的巨人企业文化来实现的时候，"精神领袖"的作用无疑是不可低估的。

史玉柱的核心团队异常稳定，甚至在他事业陷入最低谷时，团队骨干追随着他度过人生最艰难的岁月。员工也是凡夫俗子，能长期追随一个人，也从一个侧面印证了史玉柱的为人。其实，他团队高层私下都清楚一个道理，老板是刀子嘴豆腐心，骂人归骂人，不会夹杂其他。并且，老板做错了也会自我检讨。

《征途》团队是一个新建立的团队，史玉柱亲身参与到研发、策划、市场、宣传等日常的工作之中。因为他本人的参与，那些以往在网游从业多年的员工才会逐渐明白，史玉柱久经市场考验的能力不仅仅在保健品领域。

在史玉柱看来，团队是他最大的财富。在失败的日子里，史玉柱最大的收获是磨炼出了一支跟随他出生入死的团队。

史玉柱曾多次在公开场合中强调过：要脚踏实地的从小事做起，团队重于个人作用。

他认为，公司对一把手的依赖性太强，并不是好事。还是在征途网络的时候，史玉柱一般都不去位于徐汇区的征途公司上班，他很从容地说："我一般都不过去。"别人问他为什么，他笑了："烦事太多。"

史玉柱淡淡地说："我已充分授权给了几个副总。"他不在时的公司运营还是有条有理，丝毫不受影响。

他曾对《赢在中国》选手钱俊东说："想一想，哪一天你住院了，公司是不是就要停了？所以你要充分发挥团队的作用。以后要注意培养人，企业过百人后，仅凭个人的能力和精力就不够了，公司管理就会进入危机爆发期。"

此外，他还说道："另外我要强调的是，团队建设的一个关键是安排好利益。按常理推断，你的企业还没有股权分配问题，利益安排应该是平时的销售额加年终奖。从目前情况看，这种安排我比较赞同。其实对企业来说，分配股权成本最高，但对于团队员工来说，也可能是最不满意的，因为股权和现金相比，不少人更喜欢后者。总之，你要使你的企业和你自己全面成熟起来。"

充分发挥团队的作用，是史玉柱反复强调的，他同《赢在中国》选手董克勤也说到了这一点：

我感觉你是属于那种很强势的人，这点和我有点像。可能你表面上比较重视团队，但骨子里你并没有真正发挥团队的作用，你个人在团队里起的作用过大。从我个人来说，现在我在团队里是受制约的。我举个例子，前些年，团队开会我只抓研发，不准我看企业的股票行情，但后来我还是憋不住偷看了，当场被总经理发现，他说，你再这样的话，公司是没有希望的，从那以后，我就乖乖地抓研发！所以对强势的老板必须要有制约，一定要靠制度把自己制约住。你要真心实意地充分发挥团队的作用，而不是做做样子表演给人看。

要多和团队谈心，多了解情况，多知道他们的想法，尤其是他们在担忧什么，希望老板你多做些什么。

人生秘方

　　人的价值高于物的价值，共同协作的价值高于独立单干的价值，企业中充分发挥团队的作用，能够达到出奇制胜的效果。

只认功劳，不认苦劳

　　史玉柱为脑白金和《征途》提出的企业理念是：说到做到，严己宽人，只认功劳，不认苦劳。这十六个字也可以理解成是企业执行力不可或缺的元素。

脑白金和《征途》两个团队的执行力相信会给许多人留下深刻印象。尤其是前者，遍布全国2000多个办事处网络，上万个销售终端，动作划一，令行禁止。整个系统运行多年却依旧保持高效，且基本不出故障，的确让人惊奇。

执行力最原始的基因在哪里？就笔者的观察，宏观而言，一个团队对其灵魂人物的信服是其得以保证的重要前提。

这话看似是在搞"个人崇拜"，但往细再想，每一个员工都不是生活在真空之中，经历曾经癫狂的历史之后，许多中国人对"个人崇拜"已经具有了天生的免疫力。要让人信服，一则依靠能力，所谓高瞻远瞩，见识过人；再则凭借人品，所谓严己宽人，以德服人。

从企业决策行为来看，对目标、行为的论证，往往会夹杂着不同意见，保证思想统一往往是执行力得以保证的前提。在这个时候，让人信服且有自我约束力的权威显得非常重要。

以《征途》为例，从这款游戏的架构——做一款"大而全"的游戏；到运营模式——采用免费运营的模式（那时是点卡收费最盛行的年代）；再到渠道建设——从二、三级城市和县城发力；最后提出诸如"给玩家发工资"和"开时间区"等市场行为，如此种种，基本都来自史玉柱本人的想法。

史玉柱要让每一个员工明白，评价做事的成果，最终凭的是功劳而不是苦劳。公司只有一个考核标准，就是量化的结果。正是以结果论英雄，他才锻造了一个强有力的队伍。

但如何在保证结果的同时，保证管理的人性？史玉柱的一个管理思路就是：制度无情人有情。对于一个商业模式定型、管理到位的企业来说，执行的保障比创造的超越更为重要。

从这个方面来讲，史玉柱是典型且极端的实用主义者。

体现《征途》和脑白金团队的执行力可以从两个典型的例子来看，一是《征途》无处不在的海报，一是无处不在的脑白金终端。

贴海报是体现一个企业管理能力的综合表现，在竞争激烈的大城市，一般的网络游戏公司能贴上去就已经不错了，能在那存在一天已经很好了。但对《征途》员工来说，贴海报之前他就清楚地知道，这个海报所贴位置以及存在的时间都会有专人检查，所以根本不会有偷工减料的想法。由此，员工执行的细致程度和责任意识也就可想而知了。

相比《征途》严密的监察体系，我们也看到，一些外资网游公司把这种中国特色的终端争夺战简单化处理了。其相关人员基本上就是贴了海报，照张照片，然后回去拿钱，不管这海报5分钟之后就被覆盖，还是被遗弃在路边，其效果可想而知。另外，史玉柱拓展网络时选择的是几乎没有什么竞争的二级甚至是三级城市的网吧。在这些地区，他的团队如鱼得水。对于这些中小城市的网吧老板来讲，很少会有大厂商的人来到他们小地方，《征途》主动来的人，自然就成了"中央红军"：网吧老板大都兴奋地端上好茶，并且积极主动地帮助张贴海报。

即便是大年三十，别人早都回家过年去了，可是，在脑白金所有的终端那里，都还能看到脑白金促销员的身影，支撑他们依然在岗的是什么？——是制度的力量。他们已经习惯过年时全员上岗的工作状态，并且，他们也切身感受到这种工作状态对自己的好处（这是年度销售最集中的时候，销售人员不能不顾）。这两者的有效融合，生出了强大的执行力。

很多时候，员工需要一本企业的读本，这读本能让他明白自己的职责，让他明白企业的产品，让他明白企业的文化。关键是这读本的"成色"。

中国有句老话叫"没有功劳，也有苦劳"。一般情况下，若是什么事情没有做好，当事人多半会给自己找这样一个"冠冕堂皇"的理由，人们多半也是会用这句话球安慰当事人。

但是，在史玉柱的脑海里，却不是这样的。史玉柱奉行的是：在公司只有功劳，没有苦劳。

史玉柱做《赢在中国》评委时问选手吴鹏：

假如你有两个团队，一个年底完成了目标，每人发了一万块钱。另一个团队，没有完成，但工作非常辛苦，每天比第一个团队还要多工作一半时间，你怎么办？对于这个问题，史玉柱的回答是：

如果你要问我怎么做，那我会不发，但是我会在给第一个团队发年终奖的当天请第二个团队撮一顿，喝酒。我的观点是，功劳对一个公司才是有贡献，苦劳对公司的贡献是零。

"只认功劳，不认苦劳"这种理念为员工很好地完成任务提供了一种内在的动力机制。史玉柱给营销团队的薪酬可以说是在行业里处于中下等级的。

第一线的销售人员做不好连300元的底薪也难保，如果做好了就可以拿到高得惊人的销售提成。这也使销售人员对工作有了内在的动力，想尽一切办法把工作做好。

为了更好地激励员工，史玉柱制定出十分特别的激励政策：对于完成销售任务最好的前5位，史玉柱给予金光灿灿的奖杯以示表扬，而对于末尾的5个市场开拓团队，则交以黑色锦旗一面，上书烫金的"倒数第x名"字样，令人无地自容。史玉柱的激将法果然奏效，得到"倒数第x名"黑旗的团队，羞耻感更有助于发奋图强、迎头赶上。

史玉柱一直力求让每一个员工明白，评价做事的成果"最终凭的是功劳而不是苦劳"。公司只有一个考核标准，就是量化的结果。正是以结果论英雄，他才锻炼出了一个强有力的队伍。

正是这样的一系列方法，培养出了征途营销团队超强的执行力，为征途快速进入二、三线市场提供了强有力的保障。

人生秘方

　　领导的信心、决心和魄力是动员全体员工的不二法门。只有领导自己能豁出去。员工才可能跟着豁出去，直到创造奇迹。

一个好的团队是无价的

史玉柱是一个营销策划的天才，这一点用他的市场业绩足以证明，但是单靠史玉柱一个人，仍然难有这么大的成就。一个人的能力毕竟太有限，哪怕你是天才。在早期的时候，史玉柱感到自己高高在上，一般的人很难和他在一个层面上进行沟通。以至于有些最基本的营销战略、营销策划他都自己出马，甚至有些广告软文都要亲自撰写。对于一个快速发展的企业来说，这并不是一件好事情。

当企业的发展过于依赖一个人的话，那么就很容易出现问题，也是危险的。因为在这个时候，团队的作用就会被降低。

于是，不管什么样的事情，团队只会等、靠、要，缺少战略性的商业思维。一旦企业的领导者出现问题，那么就很容易导致企业也跟着出问题。早期巨人集团垮台的一个重要原因就是因为史玉柱的团队建设出了问题，缺少科学的决策机制。

史玉柱再造神话，"脑白金"是他最得意的作品。在谈到经营保健品问题时，史玉柱曾经说过："那必须具备三个条件，一是好的产品，二是好的策划、好的市场营销，三是好的队伍，'二'比'一'难，'三'比'二'更难。"

从这句话可以看出，史玉柱已经明白团队对于他的作用了。

一支团队长期跟随某一领导人，不论何时都坚如磐石，这是史玉柱最宝贵的财富。

稳定而高效的高层团队

在巨人集团核心领导团队——史玉柱和他著名的"四个火枪手"中，没有一个人是营销、市场专业科班毕业的，更谈不上有什么专家。可就是这样一个奇怪的组合，伴随着史玉柱的崛起，而被我们所熟知。

这个团队有一个非常有意思的现象，那就是决策班底和省区经理来自巨人 IT 或者脑黄金时代，这部分人员相当稳定，从史玉柱开始运作脑白金开始就几乎没动过，而在另一方面，史玉柱的中层和中层以下的员工在岗时间大多不到两年，流动频繁。

这是史玉柱的人才战略，高层团队尽量保持稳定，中层和下层的团队可以适当流动，因为这样并不会影响到全局的稳定。

其实，在员工管理上，史玉柱只关注骨干层。这群人的数量大约在二三十人，这一点是史玉柱认为一直做得不错的，二次创业以来。"我的骨干一个都没有走。再底层我也管不着，骨干没管好，下面的人有可能会走。"

史玉柱后来的东山再起，和高层 20 多个能征善战、经过脑黄金营销实战的团队的努力是分不开的。这些人都是从市场第一线出来的，他们熟悉保健品市场，也拥有完备的销售通道和经销商队伍。

后来，在脑白金事业发展神速的时候，一些旧部又找到了史玉柱，希望能够回来继续跟着史玉柱干。史玉柱基本上都接纳了。这些老部下都能够对一块区域市场有一定的把握能力。再加上人脉资源相当丰富，为史玉柱本来就已经很红火的脑白金市场再添了一把火。

史玉柱也算是一个重感情的人。为了照顾曾经跟随过自己的兄弟姐妹，他甚至不惜把一些市场分成多块，然后让老部下每人负责一块。像浙江的市场，史玉柱就一度切割成了四块。其实，单纯从效益的角度来说，是没有必要的；但是从人情的角度来说，却是非常有必要的。通过这些手段，史玉柱有效维护住了自己的骨干团队。

巨人上市之际，史玉柱表示投资者最为看重的是他的团队，这不是他第一次向外界夸赞自己的团队。这个团队，全都是跟随了史玉柱多年的骨干，即使在他最困难的时候也不离不弃。追随多年，忠诚而团结；追随而非合作，执行力强。团结和执行力，对于一个企业至关重要，团结才能齐心协力、干劲十足，有执行力才能保证工作效率，事半功倍。

遍布全国的营销队伍

正是依靠强大的广告攻势和地面营销队伍的有效配合，史玉柱经营的脑白金一直处于行业第一名。后来，史玉柱又操作黄金搭档，迅速占领了行业销售的第二名。对于拥有多年保健品市场经验的史玉柱来说，地面营销队伍的推进是一件非常关键的事情。

后来，史玉柱操作网游，他希望在全国 1800 个县设立办事处。其实，借助于保健品业务遍布全国的销售渠道，史玉柱的这个愿望很容易达成。而这些东西是他的竞争对手网易、盛大、金山等所持有的。

只要需要，史玉柱可以一夜之间在全国 5 万个网吧刊登征途的网络广告。这就是史玉柱的网游当时拥有那么高额利润的秘密所在。史玉柱拥有了一个遍布全国的营销团队。据称，史玉柱的营销人员每天都会到网吧等渠道了解自己的海报是否被覆盖，而网易的营销队伍一般需要一个星期才能完成上述工作。

作为推广的一种手段，史玉柱庞大的营销队伍就是他手中的一张王牌，也是他在登陆纽约证券交易所的时候，为什么这么受投资者欢迎的主要原因。

在史玉柱看来，网络游戏产业和保健品行业一样。都拥有高额的利润，能够支撑起庞大的营销团队。而且。在史玉柱的设计下，这些营销推广团队的收入是和他们的业绩相挂钩的。史玉柱本身需要支付的额外成本并不高。

另外，还有一点在运作网游的时候，史玉柱借鉴了脑白金的操作手法。史玉柱遍布全国各地的办事处在各地市级城市找代理商，然后这些代理商直接向征途总部购买点卡。史玉柱对这些代理商采取的销售模式是：先给钱再给点卡，现款交易。而征途在各地的办事处的营销队伍只负责营销推广，并不跟这些代理商之间产生任何的现金交易，这就最大程度上将资金流扁平化了，有利于公司总部对现金的直接管理。

人生秘方

高效的团队对所要达到的目标有清楚的了解，并坚信这一目标包含着重大的意义和价值。而且，这种目标的重要性还激励着团队成员把个人目标升华到群体目标中去。在有效的团队中，成员愿意为团队目标做出贡献，清楚地知道希望他们做什么工作，以及他们怎样共同工作来完成任务。

第五章
领导能力：员工是公司命脉

　　史玉柱的创业史上，一个让许多人颇为佩服的是，他的核心骨干，无论在事业的高峰期，还是低谷期，都是紧密团结在身边，所谓同甘共苦。这也让许多人觉得史玉柱在吸引和凝聚员工上，颇有独到之处。

对员工要真诚

在珠海巨人期间，史玉柱无论走到哪里，第一件事就是办员工食堂，1992 年在珠海，他按每人每天 15 元的标准让食堂开伙，规定早餐的主食和中晚餐的菜式必须有 4 个以上，饭菜不好，或者偶尔有人吃不上，他就会大发脾气。史玉柱以前的部下王育在其著作《谁为晚餐买单》中这样写道："史玉柱如果是一个伪君子或诈骗犯，我们在一起的日子只是一场投机或一场游戏，那大家也就淡淡一笑罢了，但当时的史玉柱是幼稚的但真诚的企业家，我们共同为之倾心尽力的公司后来惹了这么多麻烦，这怎么不令人扼腕长叹！"

史玉柱觉得自己和他的部下们在工作上面是经常会发生冲突的，那是不可避免的，但是个人关系确实非常好。史玉柱觉得他比不少的民营企业老板做得好的就是，对自己的下属，对他们好是真心的。

珠海巨人集团失败之后，史玉柱交不起手机话费，直到 1999 年，才重新用上手机。出差主要是坐火车，硬座。很长一段时间，身边的人连工资都没得领。但是有 4 个人始终跟在他身边，他们后来被称为"4 个火枪手"：史玉柱大学时期的"兄弟"陈国、费拥军、刘伟和程晨。外界常常用"沉浮""动荡"来形容对史玉柱团队的印象，但谁也不能否认其"嫡系"十分稳固。2001 年，史玉柱表示，在他最困难的时候，对他帮助最大的是他身边的几个骨干。

史玉柱常常说，在最困难的时候他好几年没有给他的团队发工资，但是他们却一直对史玉柱不离不弃，像"上海健特"总经理陈国、副总费拥军。一提到他们史玉柱就流露出对他们的感激之情。

费拥军，因为在珠海巨人集团"落难"后一两年居无定所，跟爱人产生了分歧。"史总建议我，让我爱人也到南方来工作——他知道我是不愿离开他的。后来我跟她谈了，她不同意，我们就离婚了。"费拥军，谈起追随多年的理由时说道："兄弟有难，不能抛下他不管。""他不是为了一己私利而逃避这个包袱的。"不只是 4 个火枪手，一直以来都有几十人跟着史玉柱出生入死。史玉柱一直念念不忘他的团队：

这个团队非常好。每一位成员总认为史玉柱还能站起来，尽管当时他穷的叮当响。这个团队没有搞过阶级斗争。干部中间没有发生过一起勾心斗角的事。

2001年2月15日，史玉柱在还清了债务宣布复出后，费拥军应某媒体的请求，提供了一份跟随史玉柱的人的不完全名单：陈国、程晨、吴刚、贾明星、薛升东、王月红、蒋衍文、张连龙、黄建伟、陈凯、杨波、陈焕然、方立勇、李燃、陆永华、龙方明等。

可以看出，一个企业的成功绝对不是一个人坚持的结果，而是一个团队坚持的结果，那么，如何在最困难的时候让你的团队不离不弃，史玉柱已经告诉了我们全部的秘密所在，那就是：

领导者的内心真诚是团队愿意不离不弃的真正原因。

史玉柱和他的部下们私交都很好，最关键的原因就是真诚，史玉柱说：我对他们首先是真诚，只要你真诚，你在你的言行上必然会表现出来，就是内心对他是真诚的。所以我和我的部下处得非常好，一般像过去几年中国的民营企业家进监狱的一大堆，为什么进监狱？一般都是核心团队出问题，核心团队举报老板，这都是内哄引起的，但是我们没有发生过内哄，（从珠海）巨人集团成立到现在都是。即使我们有一些困难时期骨干员工离开了，都会找我谈一次，而且非常的诚恳。

史玉柱最得意的是，1999年后的一天，他发现部下们每个人的腰里都别一个BP机，整个团队都没有人用手机了。

他们都是自发的，手机停掉，不是我要求的，他们是自发的。

我个人对他们是真诚的，我个人不会玩手段，也讨厌别人玩手段，不搞假的，也不曾想过要驾驭别人。虽然有时在工作上我们有不同的意见，但是，时间长了，他们也都理解我的这种性格。如果你对人不真诚的话，别人也不会死心塌地地跟随你，在企业中，一把手的人格很关键。

2005年，史玉柱在接受媒体采访时表示这些年来最伤心的事情就是陈国的去世。

我一生中最爱的是我的团队，我一生中最伤痛的事就是陈国出了车祸。

陈国是我的大学同班同学，我们一个宿舍，他住下铺，他是我最好的帮手之一。复出之后，他长期担任上海健特总裁。2002年那会儿我在兰州开会，接到了上海的电话，说陈国总裁出车祸了，我当场就蒙了，嘴里喃喃着"不可能吧"连夜飞回上海，回去之后人已经不行了，这件事是仅次于（珠海）巨人（集团）倒掉的打击，打击很大，全公司把业务都停掉处理后事，那是一种痛失左右手的伤痛。每年清明，我和公司的高层都要去给他扫墓祭奠。现在我对车的要求很高，坐SUV为主。另外加了一条规定：干部离开上海禁止自己驾车。

痛心疾首的史玉柱挑起了赡养陈国家眷的责任。

如今已是巨人网络总裁的刘伟觉得，由于相互之间的诚恳和信任，使得巨人管理团队形成了一种"不官僚，亲自动手，不按部就班，出现问题要立即解决"的实干型文化。10多年的配合，使史玉柱和整个管理团队形成了非常好的默契。2008年1月，史玉柱在接受媒体采访时说道：

从2002年开始到现在，我们的团队还是同一个，现在赚的钱多了，但是工作时间也多了，也没有时间花这个钱，这种凝聚力还是得益于企业文化，我们总想要聚在一起干件大事。

团队方面，最早的技术人员现在全部在公司，巨人（网络）项目的负责人和我们主管营销的副总，最早这批人都在，只有两个管理人员离开，是我们的股东，而且是在公司的内测还没开始时离开的，原因是大部分的员工和中高层，觉得他们俩在管理上确实不行，然后他们经过一个过渡期，做董事、监事，后来慢慢淡出了。

从研发团队的角度来说，我们公司是最稳定的，中层的骨干我们没有流失一个人。至于从创业开始就一直没离开过我的那一批骨干，我对他们的人品、能力都是认可的，他们对我是信任的，他们觉得我对人真诚，也认可我的能力，我们是磨合出来的。

人生秘方

李嘉诚说："最重要的是了解你的下属的希望是什么。第一，除了生活，他们一定要前途好；第二，除了前途好之外，到将来他们年纪大的时候，有什么保障等，很多方面要顾及到的。"

一定要尊重部下

尊重的需要也是人的一种基本需要，要真正把员工看作是企业的主人，切实把尊重员工落实到实际行动上，尊重员工的选择、尊重员工的创造，尊重员工的劳动，切实维护好员工的自尊。

原微软中国总裁唐骏曾经说过："在美国的公司里你只要付给员工薪金就可以了，而中国的员工很重感情，他们需要被尊重和常常被感动，这就需要一种中国式的人性化管理。"

他举了一个例子："以前微软有位中层领导要辞职去苹果公司担任更高的职位。按照中国人的传统习惯，先是竭力挽留，如果去意已决，那就说几句客气的话就算了，但唐骏却没有。当时他正在澳洲开会，唐骏就告诉她，让她等他回来和她见上一面，这位中层领导说真的没有必要，但唐骏还是从香港转机到广州和她告别并祝福她。其实，唐骏只是在走一个形式而已，因为他知道第二天的报纸会说，唐骏专程从澳洲辗转而回就是为了挽留这名员工。实际上，他是做给苹果公司看的，让苹果觉得自己挖到了一个真正的人才，要不然唐骏不会专程来挽留她。这样做对她本人以后的发展有利；更重要的，唐骏这是在做给他的员工看，让他们知道，公司一直很关注你，直到你在微软的最后一刻。"

当珠海巨人集团危机的时候，史玉柱把全国分公司的经理召集起来，专门召开针对他自己的闭门批判会。回顾当时的情景，史玉柱还是深有感慨，他说道：

大家批判我，批判了三天三夜，我觉得那个就很有用。我的第一个分公司经理，还是一个女的，她说我感觉这么多年来你不关心。回过头来我想我真的不关心员工，批判我三天，那个对我收获最大。这句话很刺痛，不关心后面还有一句是不尊重。这个印象应该是非常深的。

因而，在上海健特时期，包括如今的巨人网络时期，碰到不同意见，史玉柱说："我们讨论。"最后谁说了算？"由办公会议决定。"不难想象，有过沉痛教训的史玉柱，会更加注意和尊重这些部下的意见。尊重部下已经成为了史玉柱1997年以后坚持的一贯原则。

一定要尊重部下。因为你只要这样做，他假如换个单位，可能就不会再碰到一个这么尊重他的老板和上级，所以在困难的时候，他也不会走。在困难的时候，我们这个团队还都在。当时尽管那么困难，但我们大家都有战斗力，三百人在一块开会，三百人工资都发不出，但是三百人战斗力都还在。

最重要的是你内心深处一定要把他看成是和你平等的人。有的老板会觉得你比我低一等，我是老板，你是我的雇员。假如你真有这种想法，你的言行必然会表现出来，这样你四周的人不会跟你一条心。人是对等的，你一旦对他们尊重，他们会更加尊重你。

尊重下属并不等于对下属非常体贴，史玉柱表示：

具体到某项工作，我该批还是照批，批得很厉害，但这只限于工作方面，你内心里一定是尊重他的。

再一个，公司一旦有利益的时候，你不能忘了他们，他们没有股份，但他们在这个过程中是做过拼搏和奋斗的。他做出多少贡献，你给他的回报，应该超出他们中间绝大多数人的预期。当然也不可能满足每个人，因为个别人能力和贡献会有一些偏差。但是多数人会感觉满足。有好事的时候别忘了他们，他们碰到困难的时候，你要想到帮助他们解决。

人生秘方

领导应当如何和下属相处，是件很需要艺术的事情，但是再多的技巧和艺术，都抵不过两个字"真诚"。下属看到的远比领导者想象中的要多，因此，领导者首先要以身作则，真诚地跟下属相处。

坚决不用空降兵

史玉柱用人的一个原则是"坚决不用空降兵，只提拔内部系统培养的人"。他认定的理由是，内部人员毕竟对企业文化的理解和传承更到位，并且执行力相对更有保障。2002年10月，史玉柱在一次演讲中说道：

第一个我们不用"空降部队"，就是说，外面哪个人是 MBA 毕业的，是个海归，这个人有多大本事，然后聘来做总经理，这种事我们不做。不是说他没有本事，我觉得这是中国很多企业的特点造成的。因为现在回过头来看，过去十年之内，至少五年前吧，凡是用这种方式引入的，中国的企业成功几率非常小。

为什么会失败呢，固然他有可能很有本事，但是有没有本事他是相对的。比如一个外科医生，在他的手术室里面，他是个人才，他跑到商店里面，要当促销人员，他可能还不如一个小学毕业的，他就不是一个人才了，他这个人才是相对的。每个企业都有自己的特点，每个企业都有自己独特的文化。在其他的企业里面，他是个人才，那只能说在他那个特定环境下，他是个人才。换了个环境，他就不一定是人才。

中国企业的"空降兵"有八成都会因为"水土不服"而"阵亡"！"空降兵"不能适应新企业的文化是首要原因，其次，企业新老员工拉帮结派、互相敌视也是加速"空降兵""阵亡"的一大诱因。作为企业，公司对"空降兵"的期望值是很大的，一旦达不到要求，加上下面员工的不合作，会将"空降兵"的缺点放大。

至于另一个不用"空降兵"的理由，史玉柱说道：

企业发展的过程中，你已经积聚一个队伍了，这个人（空降兵）即使是个人才，但是原来的队伍根据中国的传统文化，是不会接纳他的。你老总、董事长再怎么扶他，只要中层干部抵制他，只要内部里每个人稍微抵制点，他工作都展开不了。你再有本事，只要大家抵制你，你也没办法。但是你也不可能引进一个大海归，就把所有的过去的人通通都换掉，也不可能。另外还有一个原因，现在外面知名度高的说是人才的里面，实际上有很多也不一定是真人才。因为是真人才的人，往往不爱说话。实际上，真正的人才很少说这句话"我很能干"。我看我过去用过的人里面，真正能干的人很少说自我的水平高，我怎么样，凡是直接就说我的水平很高的人，最后来看，没有一个是人才，因为他都满足了嘛。还有从心理学的角度看，就因为他不是人才，心里面不踏实，所以他就不断要通过说自己是人才，来弥补自己心理上的问题，所以我情愿放弃一些机会，我们不走这条路。

早在 2001 年复出之时，史玉柱就曾说过：

未来的"上海巨人"中，领导层的一半将是"珠海巨人"时期的。可以这样说，我的核心班子一直很稳定，我们是患难与共的战友。

史玉柱的关键岗位上用的都是跟他打拼过来、经历过生死的人，在他看来，内部的员工就像是地底下长出的树根。

按刘伟的介绍，尽管经历了珠海巨人集团的倒塌，但脑白金分公司的经理有一半都是最初跟随史玉柱起家的人马，这些人在脑白金已工作六七年，而脑白金和征途的多数副总更是早在 1992～1994 年期间便是珠海巨人集团的员工。

2004 年，史玉柱的老将张旅被派往巨人网络公司任职。2000 年 9 月，刘伟又被史玉柱从上海健特生物调到了巨人公司并担任总裁，其间，又有巨人的老员工陆永华、汤敏等人陆续到来。刘伟和张旅等人跟随史玉柱最长的超过 16 年，10 多年前就在巨人电脑担任高管，他们现在成了巨人网络日常运营的支柱。2004 年以后，征途网络公司成立后史玉柱还提拔了一大批研发技术方面有突出表现的员工担任高管，如袁晖、丁国良、纪学锋等人，他们和史玉柱的老兵形成了一个新老结合的混合团队。

人生秘方

史玉柱用人的一个原则是"坚决不用空降兵，只提拔内部系统培养的人"。他认定的理由是，内部人员毕竟对企业文化的理解和传承更到位，并且执行力相对更有保障。对于一个商业模式定型、管理到位的企业来说，执行的保障比创造的超越更为重要。从这个方面来讲，史玉柱是个典型且极端的实用主义者。

员工没有对老板效忠的义务

著名心理学家马斯洛的需求五层次理论说明，人的需求是分层次的，只有满足了低层次的需求之后，才会考虑高层次的需求。工资作为满足低层次需求的保障条件，对绝大多数人来说，仍是个硬道理。工资低的公司，即使企业文化搞得再好也难留住人。对高层次人才，工资较高但如果缺少培训和发展机会，仍然缺乏吸引力。因此，要将薪酬激励与内在的激励相结合，以获得更好的效益。

并且，善待员工才能留住员工。没有一个员工愿意在一个刻薄、冷酷的领导者底下做事，就算是做也是应付罢了，不会投入全部的精力和心血。

中国有句老话叫：人心齐，泰山移。这在企业界也是适用的。企业家在经营人心方面如果能做到让员工满意，这样不但能产生强大的凝聚力，还能够提升企业的形象。

在一个企业的一次民意调查中发现，入职三年以上的员工在企业危难之时，可以奉献一年不拿工资的有 80%；五年以上的员工可以奉献二年不拿工资的又多了 8%，这足以表明员工与企业之间荣辱与共的深厚情感。

在巨人集团早期，史玉柱实行的是"军事化管理"，要的是员工的绝对"效忠"。后来，史玉柱渐渐明白：大多数员工的使命是打工挣钱，养家糊口。虽然军人有对国家和民族效忠的义务，但员工没有对老板效忠的义务。

所以他会这样说：

员工对公司的贡献首先要在经济利益上体现，然后才是在个人价值上体现。对普通员工，首先考虑其利益，然后才是社会价值。

1998 年，面包车奔驰在珠海开往无锡的公路上。史玉柱对 20 多个好长时间没领到工资的员工说："等我有了钱，一定补偿你们……"

在启动脑白金项目的时候，史玉柱只借到了 50 万，但是，他干的第一件事就是先拿出 5 万元把拖欠的员工工资补发了。史玉柱要让跟随自己辛苦创业的员工们都过上好日子。

史玉柱非常乐意看到员工拿得多，因为在巨人集团的工资体系里，员工拿得越多，证明他对企业贡献越大。

脑白金销售渠道上有 8000 多名员工分布在全国 1800 个县，各地办事处 300 多个。这么多的员工，史玉柱只给省级办事处的经理和副经理发工资。其他人的工资怎么办？

每卖一箱脑白金，提成4%。之后省级经理用这4%给省级办事处其他人和市级办事处经理和副经理发工资。市级办事处向下也是如此。

管理营销费用也是一样：每卖掉100箱，就提成2万元，作为营销费用。推销员的费用都给报销，但省下来的钱是你自己的。

脑白金时期，员工们疯狂地工作、疯狂地加班，史玉柱经常会在员工加班的时候给几千元的奖金。

待遇方面，脑白金时期史玉柱的做法是：重点技术人员不受公司级别制度限制，只要技术能力强，就会付出高额报酬。

后来，做网游时，史玉柱将这套模式运用到了游戏团队中，他说：

游戏团队的薪水我不管，由管理层定。工资是一事一议，开多少钱评估一下，值得就给，不受任何制度等级限制。……

史玉柱要让研发人员感觉到，征途网络给他们的报酬绝对是在整个行业居于前列的。在《征途》开发过程中，史玉柱出手颇为大方，给整个研发团队开出了很高的工资。

史玉柱还指出了网游行业的弊病。他认为，这个行业的员工比其他行业更计较钱。征途网络某负责人承认，这个20人的研发团队在当时的薪水、所占期权与同行业相比是非常高的，相比征途网络后来的其他研发人员而言更高。

人生秘方

员工没有对老板效忠的义务，他们工作首先是为了解决"吃饭问题"，然后是自己的事业（也就是个人发展）问题。员工之所有跟你，很简单，就是你提供了这两样东西，任何一个追随者的"盘算"都是具体的，困难在于，往往无法用制度来管束他们的"需求"，"监管"这些需求不得实现或者暂缓实现。

给员工高薪时企业成本最低

薪酬，在企业中一直是一个敏感的话题，它对于员工极为重要，它是员工的一种谋生手段，同时，也能满足员工的价值感，因此，薪酬在很大程度上影响着一个人的情绪、积极性和能力的发挥。事实证明，当一个员工处于一个较低的岗位工资时，他会积极表现，努力工作，一方面提高自己的岗位绩效，另一方面争取更高的岗位级别。在这个过程中，他会体会到由晋升和加薪所带来的价值感和被尊重的喜悦，从而更加努力工作。真正发挥好企业薪酬对员工的激励作用，可以达到企业与员工的双赢。

高薪是全球著名管理咨询公司麦肯锡吸引和留住精英的杀手锏之一。而史玉柱正擅长使用这招，最初的《征途》开发小组就是从盛大网络用重金挖来的，对于史玉柱的挖墙脚，盛大掌门人陈天桥至今还耿耿于怀。如何让人才为企业打拼？他们凭什么会去打拼？史玉柱在《赢在中国》做点评时，给了一个答案，那就是：

当你给员工高薪时，你的企业成本是最低的！哪怕你只比第一、第二位的高出一点点，效果也会非常明显！

为什么说给员工高薪时，企业成本最低，史玉柱是这样分析的：

当给员工高薪时，表面上看仿佛增加了企业成本，实际不然。我这些年试过了各种方法，高薪、低薪，但最后发现，高薪时是最能激发员工工作热情的，也是企业成本最低的一种方法。

在史玉柱看来，高工资不是增加成本减少利润的唯一因素，如果企业老板一味压低工资，恐怕是舍本逐末，捡了芝麻丢了西瓜！在工资问题上，史玉柱认为，应该走高薪路线。他说：

我建议你走高工资路线。表面上看，给员工增加工资的时候，紧接着就是利润最好的时候。这点或许你不认可。但你仔细想想，这里面有道理。

对于老板来说，你别指望最基础第一线的员工会跟你一样有雄心抱负，对你强调的那种企业文化有认同，实际上他们更多的人还是面临着要考虑个人利益问题。在一个行业里，如果长期走低工资路线，无疑将影响队伍的稳定，企业必然会做不好。

另外，对老板来说，走高工资路线，那你和员工的关系你处于主动地位，如果走低工资，实际上你是被动的。如果你能比你前面两个对手的员工工资稍微提高一点点，我坚信一年之后，你的利润就会提高。当然，这样做需要勇气和智慧，但我建议你试试。

你给员工股份，在他们眼里未必有多大价值，不如给他们现金，你自己持100%的股份。

美国哈佛大学教授威廉·詹姆士研究发现，在缺乏科学、有效激励的情况下，人的潜能只能发挥出20%~30%，科学有效的激励机制能够让员工把另外70%~80%的潜能也发挥出来。所以企业能否建立起完善的激励机制，将直接影响到企业的发展。激励可以说是管理的核心。

尽管薪酬不是激励员工的唯一手段，也不是最好的办法，但却是一个非常重要、最易被人运用的方法，也是目前企业普遍采用的一种有效的激励手段。相对于内在激励，薪酬激励这种方法管理者更容易控制，而且也较容易衡量其使用效果。早期，珠海巨人集团时代，史玉柱实行的是军事化管理，后来他渐渐明白：

大多数员工的使命是打工挣钱，养家糊口。虽然军人有对国家和民族（效忠）的义务，但员工没有对老板效忠的义务。

巨人前副总王建回忆道：20世纪90年代中期，脑黄金战役第一阶段考核结束后，按照制度规定，对完成任务的经理兑现奖金，其中江苏和浙江分公司的两名经理个人奖金累计近40万元，相当于当时广东市场一个月的回款。在集团办公会议上，面对奖金问题谁也不作声了，因为财务干脆把问题捅开了，若干个分公司存在回款作假，财务认为奖金不能这么快就发。史玉柱被将住了，在榜样和制度之间，士气与议论之间，最后还是力排众议，颁发了奖金。当负责财务的王育怀抱沉甸甸的现金进入表彰大会现场时，会议已经结束了，全体员工都在等，连保安都擅自离岗，拥至会场。王育一出现，史玉柱就说，你们看，王育都抱不动了。全场的目光由主席台转向王育，先是寂静，继而掌声雷动。这时史玉柱发话了，他说：

"能者多得，只要能为巨人做出贡献，就有回报，要在巨人内部培养一批富翁。"

脑白金时期，员工们疯狂地工作、疯狂地加班，史玉柱会在员工加班的时候动不动就发上几千元的奖金，让人惊喜不已。中小公司不会这么舍得（付高额报酬），但丁磊我想他会舍得。陈天桥就没那么大方，当然也相当不错。不过陈天桥给钱的方式有问题，比如说给期权，人家有意见。做了冤大头，给了好处下面人还不好好待他。

史玉柱就是要让研发人员感觉到，征途网络给他们的报酬绝对是在整个行业居于前列的。在《征途》开发过程中，史玉柱出手颇为大方，给整个研发团队开出了很高的工资。史玉柱还指出了网游行业的弊病。他认为，这个行业的员工比其他行业更计较钱。

巨人网络上市之后，在公司内部的庆功宴上，史玉柱宣布了两个消息，一个是给公司员工每人发一枚金币，另一个是给公司所有员工加工资。

史玉柱在接受媒体采访时说："刚做这家公司的时候，同行业内对我们都看不起，到现在，我们已经成为这个行业内市值第一大的公司了，大家精神上还是非常开心，然后待遇上，我们给所有的骨干、所有的研发人员发了期权，上市后他们马上就可以衡量出来他们期权的价值。我们现在一下子诞生了 21 个亿万富翁，还有近 200 个百万以上的富翁，大家可以改善自己的生活。"

有记者曾经问过史玉柱，《征途》在线超过百万，针对这个成绩你制定什么样的员工奖励政策？史玉柱的回答是：

我们每个季度或者每个项目都定了奖罚措施，只要取得大的成就我们内部一定会有一次发奖金的过程，该奖一定奖，奖罚分明。所以你刚才说《征途》到 152 万元，一定会有奖金，不但有奖金，我还会请他们喝一顿。如果没有达到具体的目标该罚也会罚，这就是我们管理的基本原则。所以我们的员工整体的待遇还是非常好的。

人生秘方

　　对想成就一番大事业的老板来说，以高工资吸引人才、留住人才，才是企业降低成本、提高利润的根本途径之一，也是企业做强做大做久的上上之策！

上班时，员工就是员工

　　在《赢在中国》节目中，史玉柱曾明确地阐述了这样的观点：

　　"把员工当成合作伙伴，我不是很赞成这个观点，上班的时候，和员工就是上下级关系，下班的时候可以是伙伴和朋友，但上班的时候不能做朋友。因为伙伴的内涵是平等，而如果一个企业没有了上下级的关系，执行力就要打折扣。你对员工好，固然不错，但要分清上班和下班。"

　　史玉柱对跟随自己并肩作战创业的兄弟充满了关爱，对底层员工，也是如此。前文中曾说过：

　　史玉柱无论走到哪里，第一件事就是办员工食堂。1992年在珠海，他按每人每天15元的标准让食堂开伙，规定早餐的主食和中晚餐的菜式必须有4个以上，要是饭菜不好，或者偶尔有人吃不上，他就会大发脾气。

　　可以说，巨人食堂很能表现史玉柱管理的人情味，大概除了生产型的企业，似乎没有哪个企业能如同巨人一样保证一日三餐的免费供应，即使在巨人开支最困难的时候，史玉柱也没有取消甚至压缩这一项最容易被取缔或压缩的费用。

　　1992年1月，史玉柱甚至包下一架飞机，集合了巨人公司"优秀员工"去海南旅游、度假。"拼命工作、使劲地玩"，这是史玉柱给巨人员工遗留下的美好记忆。史玉柱经常请手下人吃饭，酒足饭饱之际，只见"老史"大手一挥，"你们都走，我来埋单"。那种"气魄"，让人感觉"跟着老史，有奔头"。

　　巨人财务状况最为紧急的时刻，员工工资都发不出来了，但史玉柱坚持着不关闭职工食堂："食堂不能关，一关，人心就彻底散了。"

早期的史玉柱，一直与员工穿一样的制服。从衬衣到领带到外套，不论公共场所还是私人场合，基本都是这样。连吃饭也是与员工在食堂排队进餐，从没搞过什么特殊。直到中后期也是在天天吃食堂，只是变成了让人把饭打好送到办公室。

他有一辆白色的夏利车，员工都叫它"小白兔"，最初公司就这一辆车，他自己，就开这辆夏利去酒店见客户、去政府拜见官员。有一次夏利抛锚，史玉柱从大老远走回公司，叫几个人把车推回来，他还在旁边看维修人员怎么修水箱。

这些细节性的表现，很容易让员工对史玉柱产生亲近感，也很容易被他的创业激情所感动。

员工们知道，"刀子嘴，豆腐心"的史玉柱轻易不"炒"人，除非你犯了不可饶恕的错误。而当有人向史玉柱递上辞职信，他通常也不做过分的挽留与劝导，一切顺其自然。

巨人衰败之时，曾被史玉柱视为亲信的公司高管在关键时刻背叛、倒戈，史玉柱的心头有过沉重的一声叹息："我看人太注意表面，太不提防人，如果讲厚黑学，我不厚不黑，这是我不善于商界游戏的原因。"

经历商海沉浮的史玉柱悟出一个道理——人品第一、逆境识人。也许是多年一路走来的艰辛体验，让他在员工管理方面有着太多的感慨，为了企业的生存的发展，制度必须严格，管理必须"无情"。

人生秘方

对于员工来说，需要的是老板的真诚关爱。作为一个老板，对员工好是应该的，但是公司的原则和制度不能因此而被破坏。

强化员工的归属感

前亚洲首富李嘉诚曾说过："忠诚犹如大厦的支柱，尤其是作为高级行政人员，忠诚是最重要的。当然，具备了忠诚，还要讲求其工作表现及对公司的归属感，若没有归属感，员工掌握了工作上的知识及技能便离开，对公司也没有好处。"

唯才用人是良策，任人唯用不可取。只有会用人，善于用人的企业家，才是一个真正的企业家。员工在你的公司里，就要让他真正融入到这个公司里面。

史玉柱说，自己的企业也是一个家族公司，他认为，在家族公司里的员工很多都没有归属感。所以，一定要强化员工的归属感。

在《赢在中国》节目中，史玉柱对某位选手从家族公司员工归属感的培养方面进行了总结点评：

"我给你提一个建议，就是家族公司的问题，家族公司有成功的，但是家族公司比公众公司成功的难度要大，你怎么样解决这个问题？我的公司，像巨人集团，我100%的持股，但是我怎么处理？我只是给你做参考，我虽然也是家族公司，但是我的员工没有当成家族公司。我是怎么做的呢？我的所有公司有一个原则，我的亲戚不能来公司，直系亲属不能来公司，非直系亲属如果到公司，不能当干部，看门、开车可以，但是作为公司骨干不可以，我一刀切。这样我和员工处理关系，我自己觉得很轻松.他没有把我当成家族公司来看待。

家族公司有一个非常不好的方面，举一个例子，假如你太太在公司，你的太太说一句话，这句话哪怕是正确的，都会有员工去议论它，去从负面角度议论它，这样会给你的管理带来很大的麻烦。还有就是家族公司很难做大。家族公司有弊端，你再做大就有问题，你的骨干归属感的问题。家族公司里的员工很多都没有归属感。"

虽然家族企业的管理一直是个难题，但是在我国一些私营企业当中，也不乏一些看透企业与家族之间关系的企业家，如牛根生。

自蒙牛成立伊始，牛根生就在极力避免企业的"家族化"、避免让员工丢失归属感。牛根生说："我是举贤一定要避亲，如果我们把自己的孩子、自己的亲人放在企业里做，贤不贤，没法考核，是贤不是贤，是你自己认为的问题，还是社会问题，还是员工认为？所以是不是贤大家很难知道，但是不是亲，大家全清楚。"

　　为了提高员工的归属感，史玉柱采取了让多数员工参与公司决策的民主管理方式。

　　比如，史玉柱经常和自己的游戏研发团队一起玩游戏。在《征途》的开发过程当中，史玉柱与游戏研发人员的分歧也不少。意见不统一时。史玉柱会和大家反复沟通。在僵持不下时，便开会，使更多的人参与其中进行讨论。在研发过程之中，征途网络内部形成了投票的传统，少数服从多数。

　　当初免费模式只获得了极少数的投票支持，而这其中有史玉柱自己的一票。为了让大家接受《征途》的免费模式，史玉柱花费了至少3周时间。史玉柱反复找团队沟通，每次感化一两个人。在经过多次努力之后，团队终于有多数人同意了史玉柱的观点。

　　征途事业部的总经理纪学锋回忆起他与史玉柱的一次交流，至今让他印象深刻：

　　那是2008年2月的一个深夜，开完策划会议之后，史玉柱在会议室泡了一碗方便面，吃着吃着，史玉柱突然感触良深地对他说："学锋你看，我们怎么过着这样的生活，要只是为了钱，我们用得着这么拼命么？但公司这么大，我们必须做到更好，不然对不起公司这么多员工和玩我们游戏的这么多玩家啊。"

　　"他和正常人也是一样的，但是一直没有机会休息，老板都这么拼，我们不拼好意思么？"

人生秘方

　　企业家最困难的工作，是让他的部属及员工凝聚于向心力，互相合作。能够做到这一点，必定是同行中的佼佼者。深得人心的领导者、经理及军事指挥官，都了解并且能够激励部属，为完成共同的目标而努力。从心情上，很多人也许更愿意用亲近的人和喜欢的人；但从理智上，要用才能出众和勤奋敬业的人。吸引到最优秀的人，事业才会发展壮大。

好员工就是能完成你交给他的事

史玉柱确定谁是人才的标准非常简单——办事成功率高的人就是人才。"史玉柱只看他的成功率，不是谁会说谁就是人才。"

在他看来，如果让一个人连续做几件事，如果都成了，80%是有才的。但是对于德，则是靠感觉，要5年才能看对一个人。"德"和"才"只能选其一时候，史玉柱肯定选择"德"。

史玉柱喜欢战术人才，不喜欢战略人才。"战略人才多了，大家整天就会在一块儿夸夸其谈，不干实事。"

因此，史玉柱的方法是：选择战术型人才而非战略型人才，将他们放在领导岗位上，充分授权几个副总做好具体的日常管理工作。史玉柱并不是一个喜欢亲力亲为管理公司的领导者。他总是提拔"可信任"的人来管理公司，"可信任"的标准就是德和才。

史玉柱只给省级办事处的经理和副经理发工资，其他人的工资，每卖一箱脑白金，提成4%，省级经理用这4%给省级办事处其他人和市级办事处经理和副经理发工资。市级办事处往下也是一样。这样一来，史玉柱既简化了和众多员工的关系，也能有效控制费用，各级办事处不会盲目扩招人员。

同时，史玉柱对那些技术能力强的重点技术人员发放高薪。史玉柱要让这些研发人员感到，征途公司给他们的报酬绝对在整个行业居于前列。在搞网络游戏时，史玉柱最早的研发人员是"挖墙脚"而来的，在网络游戏研发人才日益紧缺的今天，竞争对手之间的"挖墙脚"现象越来越多。又怎么能保证，这个20人研发团队不会又被人挖走呢？

有人看到，史玉柱经常和这帮"孩子"一起打游戏，有时甚至玩到天亮。当然，如果发现游戏中存在问题，即使是在凌晨三四点，史玉柱也会给研发团队的人打电话。正是在这样的经常"沟通"下，在这种与其说是雇佣关系不如说是朋友关系的相处中，史玉柱和这个20人的研发团队逐渐融合。

有媒体评价说，史玉柱不仅仅是一个工作上的老板，更是拥有共同兴趣的朋友。史玉柱就是在无形之中，使得研发人员感受到一个商界领袖的魅力，从而产生对企业的热爱。

史玉柱对股份制深恶痛绝，他认为股份制并不是人人都可以用的，"中国人合作精神本来就很差，一旦有了股份，就有了和你斗的资本。造成公司结构不稳定"。于是史玉柱对外宣称："我从此再不搞股份制了，母公司一定我个人所有，下面的公司可以考虑我控股。"

不用股份制，不给股份，史玉柱又是如何吸引和留住企业所需要的人才的呢？他笑着说："这根本不是问题……后来我就给我的高管高薪水和奖金，就是给比他应该得到的股份分红还要多的钱。我认为，这个模式是正确的，从此以后，我的公司就再没发生过内斗。"

现在巨人网络成功上市，IPO 规模超过 10 亿美元，市值超过 50 亿美元，单就市值来看，巨人已经远远超过了盛大和网易，超越了陈天桥和丁磊，成为中国最大的网络游戏公司。如今巨人网络的家底厚了，新产品越来越成熟，业务量逐步增加，必须保证充足的人来维持企业的运转，巨人立即加入到争抢人才的队伍中。

人生秘方

　　人才是经营公司的一等资源。在用人方面，怎样对待人才，是管理者领导能力、驾驭能力的高度体现。现代公司都把抢夺人才摆在了关系成败的重要位置上。能否发现并得到人才，是能否用人的首要条件。而能否得到好人才就是能否给企业带来财富的关键。随着全球化竞争趋势，得人才者，得商业大势。人才的重要性日益显得重要。

一个好的游戏策划人价值无穷

纵观中国的网游公司，有这样一种规律：中国网络游戏研发大多是以研发小组的模式存在的。除一些大公司直接下属的研发团队，其他小组都是以私人的身份成立，一边制作游戏，一边联系大公司卖出游戏，这成了他们的生存之道。

游戏开发是多工种配合的职业：一个网络游戏开发团队通常包括四个部分，即策划、程序、美工、测试。这其中美工又包括原画、2D、3D，程序则可分为客户端程序、服务器端程序和3D程序（非3D游戏则不需要）。这些人员构成了一个完整的游戏开发人才链。其中任何一个环节出问题，网络游戏开发都将受到严重影响。

除去外部矛盾之外，研发团队的内部矛盾往往为这个团队的未来命运注入了不可预测因素。12年前，因研发《仙剑1》而声名鹊起的"狂徒创作群"，在研发《仙剑2》时内部发生了严重创作分歧，最后"狂徒"以一分为二告终，不但让《仙剑2》研发陷入半瘫痪状态，研发团队本身也一蹶不振。

"回头来看，史玉柱当初高薪挖研发人员，是在用利益来巩固双方的关系，保证游戏开发和运营的连续性，并保证竞争安全。"一名游戏界资深人士感慨于史玉柱的精明，"因为在中国游戏界，跳槽、挖墙脚、辞职都是再寻常不过的事情"。

现在，"挖墙脚"现象越演越烈。而造成这些现象的根本原因是，"按照国际上游戏产业发展的规律，中国的游戏业已开始走入研发取胜的时代"。

随着自主研发成为国内游戏厂商不二的选择，面临的最大问题就是人才缺口。

北京汇众益智科技有限公司董事长李新科曾表示，国内网络游戏玩家目前超过3000万人，而真正处于研发核心环节的人才不足3000人。预计今后几年网络游戏的研发人才需求约 2 万人，目前缺口超过 1.5 万人。

因此，高薪"挖墙脚"，成了越来越多的网游公司的最佳选择。北京一名游戏公司总经理表示："如果能挖到一个基本完整的研发团队，不但项目可以立即上手，还可以直接利用团队原有的创意、设计、核心程序等研发成果，而且团队的磨合期也至少可以缩短半年。"

这对于游戏企业抢占市场来说非常关键。因此，研发团队成了各大厂商最大忌讳和保密的事情。史玉柱十分看重人才，为了保证《征途》制作团队的水准，将竞争对手盛大网络的 20 多位研发精英收入囊中，并委以重任。他还不惜花费数倍的薪水专程从日本请来顶尖的美术设计师，他说："我看准的优秀人才，工资一事一议，不受公司级别制度限制。"

对于网游研发团队，史玉柱更是给予高薪。以至于巨人网络的研发人员工资是处于同行业的最高水平。

"陈天桥其实给得也很多，他给期权，一个骨干期权兑现都是几百万元，但人家还有意见。他给的方式不对，有点冤枉。"

2007 年底的 Chinajoy 上，史玉柱放出豪言："一个好的游戏策划人才，值千万元年薪。"

史玉柱也指出了网游行业的弊病，他认为，这个行业的员工比其他行业更计较钱，"向钱看"给网游企业的管理造成了不便。

2008 年 1 月苏州游戏产业年会上，金山董事长求伯君对史玉柱、唐骏、朱骏等人说："我希望有些新进的企业不要再使用非正常化的手段招揽人才。"

史玉柱的回答则丝毫不减当年锐气："一个公司的开发人才总是留不住，问题出在这个公司本身，好的人才，就值好的价格。"

史玉柱说，自己的巨人网络有 100 多个骨干，个个都被猎头挖过，有时候"你看他是在工作，搞不好就是在 MSN 上和猎头谈条件。"

对于人才流失所带来的风险问题，第九城市董事长朱骏采取了参股小公司的方式。史玉柱则并不认同这种方式，他说：

他参股也很难避免风险呀。我觉得要避开风险，要做好几个工作，一个产品不要过于依赖一个人,这个团队搞个八九个人,核心五六个人。如果过分依赖一个人,是有这个危险。第二是如果赚钱了,要优先考虑这个团队的利益。

史玉柱表示:"希望能吸引到拔尖儿的人才。"在巨人上市之前,巨人就已派出专门的招聘团队巡回全国科技类高校"抢人"。上市以后,史玉柱又放出豪言,用1000万元巨资引进优秀人才,巨人会继续加大人才争夺的力度,不可避免地与竞争对手正面交锋,各大公司实力、策略、财力的角逐,会是一场蔚为壮观的大战。

人生秘方

一个企业家要重视对内部人才的培养引进,用自身的人格魅力来吸引人才的帮助。"家有梧桐树,引得凤凰来",除了很高的待遇外,只有自身的品格高尚,才会引得有才能的人才。

员工流动也是一种正常现象

随着经济不断发展,人的需求层次也在不断提升。所以企业的人才流动将变得越来越频繁。

不同的员工有着千差万别的需求:有人追逐钱财,有人喜欢升迁,又有人讲究个人能力的实现,还有人追求安逸舒适的工作环境,企业根本不可能满足所有人的愿望,最好的方式便是分别对待。

虽然企业人员有合理的流动是正常的现象,也是必要的,但员工高比例流失,不仅带走了商业、技术秘密,带走了客户,使企业蒙受直接经济损失;而且,企业人力重置成本也相应增加,影响工作的连续性和工作质量,也影响在职员工的稳定性和忠诚度。如不加以控制,最终将影响企业持续发展的潜力和竞争力。

国内互联网公司对于人才的争夺,更大的压力不在于吸引人才进入公司，而是如何能留住人才为公司长期服务。

多个国外调查机构的研究结果显示，在经济快速发展的中国，员工的流动率竟然高达25%以上。每年春节前后，都是员工跳槽的高峰期。史玉柱表示，征途网络的人才流失率很低。至于用何种办法将人才留住，他说道：

征途这家公司成立到现在，尤其是自己开始接手担任CEO，到目前为止，他们的研发干部没有走掉一个员工，骨干也没有走一个，全部留下来了。可能征途是这个行业当中最稳定的公司，虽然技术人员或者客服员工可能会有流动，但是研发的流动性非常低，至少骨干人员没有走。

为什么史玉柱公司的员工走的非常少呢？史玉柱回答道：我们从两个方面去做工作，第一，要实现个人的自我价值，你把每个人放在合适的位置，他的兴趣在哪里？比如说兴趣在服务器里面的研发，就是把每个人放在合适的位置，并且给他一个很好的舞台让他发挥能力。

第二，很好的待遇。我们研发骨干的待遇在中国肯定是最高的。我们上市的时候亿万富翁是21个，这里面大多是我们的研发骨干，后来股价下跌没有这么多钱了，但是也有几千万。所以我们给员工的待遇非常好。

你只要在这两个方面做好工作，个人价值得到充分的实现，另外是能富裕，我相信他们会是稳定的。事实也证明我们过去实施的措施是不错的。

史玉柱在留住员工方面下了很大有力气。但是，对于员工辞职，史玉柱的看法却是不挽留。

史玉柱说，既然提出了，他迟早是要走的。

在《赢在中国》中担任评委时，也曾表达了这样的观点。他说，不挽留的原因是这样：员工找你辞职，他基本上是想好了，定下来的，这时候如果挽留，不是最好的方式。

史玉柱谈到自己的经验时说：

在早期的时候，我也经常遇到这种事情，员工找我，或是干部找我辞职，一开始，我都是挽留，但从后来效果看，我挽留的人最后一个都没有留下来，半年之后走了一个，一年之后又走了一个。

当然，员工找你辞职，你应该深思两点：

第一点，既然员工找我辞职，我有没有问题？我的企业有没有问题？有问题马上修正改进。

第二点，搞清他要走的原因，他为什么要走？我能为他做什么？但重点不是为了挽留他。当下属都知道只要找老板辞职，老板不挽留的，一般来讲再想通过辞职的方法来获取更高的薪水，这条路也就堵死了。

人生秘方

李嘉诚说："在我的企业内，人员的流失及跳槽率很低，并且从没出现过辞职潮。最主要的是员工有归属感。"一个好的企业，应该给员工实现自我价值的机会，给他合理的待遇。企业的发展需要有稳定的员工队伍。

我们的骨干没有走一个

有一份第三方咨询机构提供的网络游戏市场分析及投资咨询报告显示，2005年是中国游戏产业经历了由引进代理向自主创新转折的重要一年。但正是在这样的背景下，游戏技术人员却只有一千人，这个缺口达到1.5万人以上。

可以说，人才的问题是网游行业的大问题，市场在扩大，产品在不断更新，但人才缺口却是越来越大。不仅如此，令人头痛的是，即使得到了这样的人才。这些八十年代出生的新新人类们，也会给企业带来巨大的管理麻烦。一个游戏企业老板就曾在自己的博客上大骂他挖来的几个八零后游戏研发人才"不是东西"。

据说，史玉柱曾砸出1000万元招一个好的策划都未能如愿，可见在这个领域里是一将难求，最近，国内不少网游公司频频在各种媒体上发布广告招兵买马。

巨人上市当天晚上，在巨人集团上海办公室观看公司上市视频的巨人员工都喜形于色。因为巨人网络一上市，当时就产生了 21 位亿万富翁和186 位百万富翁。

由于很多公司在上市成功后都出现出人才流失的现象，外界不禁对此表示担忧。在这方面，史玉柱是怎样避免这个问题的发生的呢？

别忘记了，史玉柱可是个从小就爱钻研的人，他曾像研究消费者一样认真地研究过自己的团队。他得出的结论是：

一个人在一个公司就是追求两点，一是待遇问题，二是个人的自我价值能够得到实现，如果后面一点做好了，他相信可以避免人才流失。

另一点就是，史玉柱给这个团队拿的都是五年期权，而上市才刚刚开始，"甜头"还在后面。

融资成功之后，除了希望收购一些有好产品的企业外，他更多的是希望完善自己的团队：

一方面，他考虑的是加大研发的力度，希望到 2008 年年底的时候，研发团队会在 2007 年的 400 人的规模上增加一倍。第二个方面，思考的是"怎么用钱把最拔尖儿的人吸引过来，第三个方面是怎么才能把优秀的公司并购过来"。

史玉柱对自己的实力很有信心。他向媒体列举了巨人吸引人才的三方面优势：

一是品牌优势。巨人现在是行业最大而且唯一在纽交所上市的中国 IT企业。中国有"人往高处走，水往低处流"的说法，现在的巨人是中国网络游戏业最高的山峰，自然拥有相当的光环效应。

二是待遇优势。史玉柱对员工非常大方，有贡献就会重奖。公司高管袁辉还透露："仍有部分期权保留，会奖励给对公司有贡献的员工。"

三是平台优势。史玉柱提出巨人网络将在 2008 年推出《万王之王 3》的项目，新的项目和产品孕育着无数的机会，为人才提供了很好的平台。

人生秘方

一个企业家不仅需要有发现人才的眼光，挖掘人才的能力，还要有留住人才的能力。同样，人才问题也是网游行业的大问题。所以成就事业最关键的是要有人能够帮助你，乐意跟你工作，特别是骨干人员的稳定，对企业的发展起着重要作用。

第六章
营销策划：营销没有老手

"谁消费我的产品，我就要把他研究透。一天不研究透，我就痛苦一天。营销是没有专家的，惟一的专家是消费者。你要搞好的策划方案，你就要去了解消费者。"

试销市场快不得

做全国性市场，一定要先做一个试销市场，要一点点来，快不得；做成了，真到做全国市场时，要快半步，慢不得！

史玉柱在《赢在中国》节目中曾对一名选手如此点评道：

你想在全国建加盟连锁，这很好。但我建议你一定要先搞试点，先建一家店，试运营，目的是发现你当初意想不到的一些问题，如法律、消费者的问题，最初的想法和真正的实践总会有非常大的差别，这个差别只有自己去体会消化，体会成熟了，可以形成手册，在全国推广。我有一句话供你参考，叫"试销市场快不得，全国市场慢不得"。

做试点时不能有利润压力，董事会不应给利润压力，要给充足的时间。一定把试点搞明白！手册成熟后，在全国市场推广要迅速铺开，否则成功的经验传播很快，别人马上会用，所以你要迅速占领市场，不能让别人利用你的经验来复制财富，所以送你这句话：试销市场快不得，全国市场慢不得。

做什么，最好先试点。这在资金没到位之前，或者在自己的钱没有大笔花掉之前，更需要这样做。做一做试点，你会在过程中发现过去构想里面许多没有考虑到的地方，甚至是和实际情况相反的地方。这时候失败或改进调整不可怕，因为试点代价小。

史玉柱对试点试销特别重视。脑白金的成功，很大程度上得益于进行过很长时间的试销工作。为了找到一个成功的营销模式，史玉柱率领部下探索了超过一年的时间。

1999 年 8 月我们策划方案还没有做完的时候，我们就在江阴开始做试销。我们的产品没有批号，但是我们可以生产，我们准备了 10 万元生产一批产品。

在做试销的时候，我们没有给指导，让策划部去做，知道肯定会失败，但还是让他们做，主要是看怎么失败的。当时我们拍了一个电视片，广告语是吃得香、睡得沉、大便畅、精神旺，很简单；软文是自己写得很枯燥的软文，结果失败了。试销时我去西藏了，回来后已经失败了。然后我们扎根在江阴，开始研究失败的原因。我们那时的做法是比较常规化的，调查失败的原因是软文枯燥，阅读率低。当时调查，在最大的药店里一天只能卖掉一盒。但也有一个经验总结：居委会比药店卖得好。

失败的地方主要是宣传太大众化，软文写的可读性太差，版面与广告挤在一起（后面我们说周边不能有广告，都是那时候的教训），电视广告不吸引人。整个活动花了 5 万多元，买了一个教训。

脑白金的剂型最初只是简单的胶囊，后来在试销中发现，中国的消费者更喜欢"放在手上沉甸甸"的口服液，因而脑白金增加了口服液，变成了胶囊和口服液的复合包装。结果不但适应了消费者的偏爱，独特的复合包装产品形态还对跟进产品形成了竞争壁垒。并且，脑白金的包装也是通过试销才确定的。

1997 年 1 月我去美国，在美国的超市里看到有一个药的包装非常好，是一个蓝色的渐变，是一个小盒子，界面的颜色非常漂亮，而（珠海）巨人（集团）又是以蓝色调为主，所以当时就把这个盒子给策划部设计，设计第一要大，送礼体积要大，第二个按照我提出的这个风格来设计，后来考虑到我的要求与巨人的风格相距太远，就设计成现在这个样子。我觉得这个设计的包装界面很好，然后又加了一个彩条，因为光是蓝色就死气沉沉的，加个彩条就活跃了一下，那个包装设计好之后，就用彩色打印机打印，制作出了两个盒子。然后在常州调查时，让策划部拿着这个盒子到终端点，到药店去，与其他的药品保健品放在一起，就放一盒，然后在门口调查消费者第一眼看到的是哪个产品？开始的时候看到的没有我们的产品，于是我们就改，经过几番修改之后，再调查发现一大半的消费者进了商店一眼瞄过去之后，大多数的消费者说是我们的盒子，这个包装盒才定下来。对于消费者来说，往往是最先映入他眼帘的产品就是他要购买的产品。后来发现，三盒放在一起最能吸引消费者的注意。

在经过试销后，史玉柱终于在 1998 年找到了一种脑白金的成功营销模式，并快速启动全国市场。

（1998 年）7 月份开始全面召集人马正式启动市场。这时我们启动了四个地方，三个在江苏——南京、常州、常熟，以及吉林省的吉林市。

不到一年半的时间，到 1999 年底，脑白金单月回款已经突破 1 个亿。到了 2000 年 1 月份的时候，一个月的销售额已经是 2 亿多元了。与此同时，大部分中国人通过电视记住了"今年过节不收礼，收礼只收脑白金"这句广告词。

黄金搭档这个产品，史玉柱也是遵从着"试销市场快不得，全国市场慢不得"的原则，早在 2001 年 1 月 7 日，史玉柱就注册成立了上海黄金搭档生物科技有限公司，准备进入维生素市场。

2001 年"脑白金"尚在热销时，史玉柱已开始悄悄推广"黄金搭档"。第一轮试销集中在 5 个城市——漳州、襄樊、吉林、威海、绵阳。

根据第一轮的试销结果，我们才设计了正式的营销方案，开始第二轮的试销。

2002 年 8 月，史玉柱重新调整黄金搭档试销的布局，把目光聚焦在华东的江苏、浙江、福建、山东、安徽五省和上海市，开始第二轮试销。

第二轮投放了 10 个城市，用 10 种自己总结出来的销售方式，有的成功有的失败。经过前两轮试销后，2002 年 10 月份启动全国市场。

人生秘方

　　竞争的压力是由于竞争对手将在试销期间学习到这种新产品，或制定出营销对策，对抗新产品。正由于这些原因，有的企业把力量集中于产品要领试验和使用试验，并模拟计算出销售预测值，越过试销阶段而直接进行商品化。但是，如果市场试验时间过短，全面的销售战略可能就会建立在不准确、不完整、没有说服力的数据基础上。

滚动开发市场

1997 年 8 月份，史玉柱开始正式启动脑白金，当时是从借了 50 万元开始着手做，先拿了十几万元，委托一家保健品公司帮他们生产几百箱脑白金，然后拿个十（几）万块钱就作为广告费启动江阴这个县（县级市），然后还有其他一些运作费就开始做，实际上第一个月做得并不成功，后来改一改方案，渐渐就成功了。

这时的史玉柱手中只有这 50 万元，不能再像以往那样高举高打、大鸣大放，于是他就把江阴作为东山再起的根据地。江阴是江苏省的一个县级市，就在苏南这边。苏南地区是中国最富庶的地区之一，购买力强，城市密集，离上海、南京都很近。在江阴这样的县级市启动，投入的广告成本不会超过 10 万元，而 10 万元在上海不够做一个版的广告费用。这可以说是最后的机会了，别无选择，必须一矢中的。

从 1998 年 3 月份之后，市场就好了起来。这时候方案应该是比较成熟了，因为他们那时候在低谷时期制作的方案很务实。

1998 年 5 月，史玉柱把江阴市场赚到的钱投入无锡市场的启动。他先打脑白金的销售广告，然后找经销商谈，他还是要求一手交钱一手交货，开始时经销商不接受。但是史玉柱一边谈，一边不停地打广告。说要是我的产品火了，你不卖你就少赚钱。慢慢地也就有经销商开始付款提货了。

第二个月，史玉柱在无锡市场又赚了十几万元，用这些钱又去启动下一个城市的市场。几个月里，南京、常熟、常州以及东北的吉林，全部成了脑白金的早期根据地。就这样把各个城市的市场逐渐都给打开了。到1998 年底，差不多全国 1/3 的市场，都在卖他的产品。那时月销售额就近千万元了。

至于 1998 年总共赚了多少钱？史玉柱则称：

基本上没赚钱。为什么呢？因为到打无锡市场的时候，他没有多少钱。50 万元，除掉一点运作费用，再拿十二三万生产一点产品，再打一个江阴，剩下的钱只有一点点。好在江阴第二个月赚钱了。把这些钱凑在一起，这才启动了无锡。

无锡第二个月又赚钱了，赚了十几万，又去启动下一个城市。无锡隔了一个月，启动了南京、常熟、常州，还有东北的一个吉林。

然后第二个月又赚钱了……就这么滚。一直到1999年上半年，这样算起来基本上没盈利。

到脑白金进入上海市场时，已经是1999年春天了。1999年7月，上海健特公司在上海徐汇区注册，史玉柱和他的"二十几杆枪"在上海金玉兰广场以最低的价格租了两间办公房。每天深夜，他便和部下跑到楼下那个叫"避风塘"的店里吃夜宵。躲在"避风塘"里，"策划顾问"史玉柱为"脑白金"做出了一个个"策划"，在中国保健品市场刮起阵阵飓风的1999年底，脑白金便打开了全国市场。

他们启动了浙江省、上海市，这批又赚了钱之后，这个钱就多了，因为累积越来越多嘛，那最后一下就把全国给启动了。所以这个用了一年多的时间就滚起来了，到了1999年2月份的时候，脑白金的月销售额就首次突破一个亿，那个时候他们的日子就相对开始好过了；到2000年1月份，史玉柱他们的月销售额（月回款）就上了2个亿了。

2000年，脑白金创造了13亿元的销售业绩，业内第一，利润数亿元，员工数千人，并在全国建立了拥有200多个销售点的庞大销售网络，规模超过了鼎盛时期的珠海巨人集团。

人生秘方

　　首先一定要建立、运营第一家店，并根据其写成一个"傻瓜手册"，做成功一个店之后离你大的成功就不远了，首先就是脚踏实地、集中精力做成功一个。然后继续做第二个、第三个……

商机无限的金字塔的底部

在史玉柱看来，国内一线城市的人口才几千万，虽然处于金字塔的顶端，但是整个市场规模有限，而二三线城市聚集了数亿的人口，只要推广得好，其市场空间相当大。这也是史玉柱在经营脑白金等保健品业务时所探索出的中国商情。

现在大家创业很注重北京、上海、广州等一线城市，但你分析一类城市占全国人口的比重就是4%多点，5%不到。省会级城市和一些像无锡这样的地区性中心城市加在一起，要远远超过一线城市，而再小一些的城市，比如各省里的地级市，全国有380多个，这个市场比省会城市更大，县城和县级市更是难以估量。中国的市场是"金字塔"形，一般创业者比较关注塔尖，实际越往下市场越大。

最大的市场还是在下面，那里人口特别多，光农民就8亿人，再加上县城，这些共9亿人口。

脑白金的销量和利润主要来自乡镇。北京、上海的超市里有100多种保健品，脑白金摆在货架上并不显眼，但是，到了村镇的商店，只有两三种保健品，其中一个肯定是脑白金。

下面消费者没有想象中那么穷，消费能力也不弱。一线城市你全占满了，也还不到下面市场的1/10。

在开发周边市场（县城和农村）的过程中，史玉柱对周边的认识应该是很深刻的，因为在这些地方脑白金做得非常成功，周边市场的销售额是占很大的比例的。像保健品，你看上海，到一般的商场，往往有两三百种，到县城去一般只有五六种，到镇里面去就只有两三种，在那样的地方竞争不激烈。我们的脑白金和黄金搭档在全国29万个商店发了货。

史玉柱同样发现网络游戏行业的很多公司都不太注重二三线城市，于是独自去开发盛大、网易不屑去开发的二三线城市。

经过缜密研究后发现，中国网游用户的金字塔其实更大，有70%的玩家是在小城市和农村。

农闲时间几十个农民在网吧里打游戏是常事。调查数字说，有的省农民一年 60% 的时间处于失业状态，现在通常的乡镇都有网吧，对这些有大把时间的玩家来说，"代练"甚至可以成为他们很好的打工收入。

网游和保健品一样，真正的最大市场是在下面，不是在上面。中国的市场是金字塔形的，塔尖部分就是北京、上海、广州这些城市，中间是大的城市，南京、武汉、无锡呀。越往下越大，中国真正最大的网游市场就在农村，农村玩网游的人数比县城以上加起来要多得多。

同样，在二三线城市可以避免与盛大、网易等进行贴身肉搏。对于发展至今已近 10 年的网络游戏来说，一级市场的用户需求早已经饱和，后来的新产品已经很难进入到争夺份额的队伍之中。而二三线城市聚集了数亿的人口，却是一片蓝海，蕴含着巨大的市场潜力。

越是这些偏远地方，竞争就越不激烈。

毕竟，在北京、上海等一线城市里，网易和盛大等市场先行者所占的市场份额已经相当高，整个市场的推广费用也随之水涨船高。

史玉柱不会去主打一线城市，下面的总量要比一线城市大很多。在一线城市的很多网吧去贴广告画是要付钱的，但是在二三线城市基本上不需要。史玉柱的推广队伍竟然受到了很多农村网吧老板的喜欢。网吧老板们乐呵呵地接过《征途》市场推广人员手中的游戏海报，在网吧显眼处张贴，还给推广人员端茶倒水。毕竟这是第一次有商家上门送东西，哪怕只是几张海报。史玉柱声称：

他只贴免费的网吧，收钱的一律不进。

如今在中国的中等城市，《征途》网络游戏已经占有了网吧墙面等 80% 的战略性资源，而其他的竞争对手却只能分享其余 20%，而在小城市和县城，《征途》网络游戏的优势则更加明显。

在《赢在中国》节目做评委时，史玉柱也常常忠告参赛选手要重视二三线市场。他说道：

中国的二三线城市，实际上这个市场前景最广阔。现在的国外公司，包括国内多数公司都以为大中型城市是中国最大的市场，实际上那只是中国最小的市场。中国真正的大市场是二三线城市，甚至是乡镇。现在二三线城市的人也已经富裕起来了，可很多人还意识不到这点。他们的总数已经远远超过了大城市，而他们的娱乐消费还比较单一，像你这种东西，只要送到他们眼前，他们是很容易接受的，因为过去他没有接触过，而像北京、上海这些大城市里，人们见得都快麻木了。所以二三线市场很容易打开，而且现在外国人还没有这个条件去打开这个市场，这可是国内商家难得的好机会。我们别再给外国人留机会，你应该抢先把这个市场占了。

人生秘方

> 实践看来是非常成功的。而最难做到的是，改变人们的惯性思维，过去人们总是眼睛向上，受到二八商业原则的影响，总是想从金字塔顶端寻找机会，其实金字塔底部的市场更大，机会更多。

建立全国营销网络

互联网圈子里的人都相信一个真理——网络的东西必须要用网络的手段来解决营销问题，他们可以制造新闻事件、炒作，做 SEO（是 "Search Engine Opti mization" 的缩写，译为搜索引擎优化，也叫网站优化），但是就不会想到做地面推广。然而，史玉柱真就这么干了。

史玉柱认为：网游光靠炒作是不行的，所以史玉柱的营销会跟别人不同，他的团队不会只在上海、北京、广州工作，史玉柱要他们深入到网游可能发展的每一个角落。我会给营销团队 5 年时间，而 5 年之后，就应该是我的营销方针出成果的时候了。

在史玉柱的办公室里有张巨大的全国地图，密密麻麻的红旗代表他在各地的办事处与营销网络。

那些凡是已经觉得 "脑白金" 已经没挑战的干部，都让他派到网游公司去了。

史玉柱表示，已经成熟的脑白金网络营销体系不可以重复地供网游使用。

2006 年，史玉柱率领征途网络在行业内掀起了一股旋风，擅长于地面推广的史玉柱给征途网络制定了自建销售渠道、自建推广队伍的策略。

2006年9月，史玉柱在接受采访时说道：

地面推广，现在我们在全国已经直接去服务的网吧已经超过一万家了，最终我想做到个差不多近10万家吧。

脑白金的时候最擅长的是做报纸电视的广告，但玩网络游戏的人是不看报不看电视的，用得上的是地面推广。很多人认为脑白金最大特长是做广告，实际上脑白金最大特长是地面推广，史玉柱公司在全国有200多个城市设了办事处，3000多个县设了代表处，在全国遍布了8000多人。通过店铺人和人直接接触、招贴画的宣传、营业目的培训来进行推广。

《征途》这个工作正在做，已经设立了100多个办事处，最终准备设立1000多个。

游戏推出后，史玉柱以推广脑白金的方式，在全国设立了1800个办事处，并在一年之间将《征途》的推广队伍扩充到2000人。2006年11月，史玉柱在接受媒体采访时说道：

说到营销，很多人首先想到脑白金。但《征途》没有什么广告。我个人喜欢做广告，如果中央电视台允许做，我一定会在上面做《征途》的广告，但法规不允许。所以，我们就死心塌地做好地面推广。我计划用2年的时间，建成一个庞大的地面推广网络。目前我们已经在82个城市建立了长期办事处，利用现在的这些办事处，逐渐辐射和带动周围网络的形成，我们的目标是建上千个这样的办事处，到明年年底初步建立起中国网游最大营销网络。

这个网络和脑白金非常类似。脑白金有终端的规范，同样，征途也有自己的规范，但管理是一模一样的，没有任何区别。不同的是这个网络重点是服务于网吧，核心的工作是与网吧网管进行沟通，通过他们影响玩家，玩家在游戏中遇到问题也可以通过他们解决。这是个细活、慢活，每天能够带来几百、上千的增长，但是很稳定的增长。

史玉柱表示网游地面推广的成本比保健品略高，因为保健品招收了很多下岗职工，成本相对低一点。2007年8月，史玉柱在接受媒体采访时说道：

3年内营销队伍要扩充到2万人。

史玉柱表示，网络游戏的营销渠道要进行大规模扩张，目的是"将渠道做深做透"，以抢占日益增长的二三线城市的网络游戏市场。

只要需要，我们可以一夜之间在全国 5 万个网吧刊登征途网络的广告。

对其他网游公司在二三线城市、县级城市的空白来说，史玉柱的队伍有这个经验和优势，他们在全国有 1800 个分支机构，像一般大网游公司，在省一级城市，比如南京可能有一个几个人的办事处，而我们在江苏就有 800 人的营销队伍，此外还有各地推广商的协调。我们不搞全国代理，目前跟我们关系比较好的，大概有两三千家经销商。这些推广商的作用，除了进货之外，还到网吧进行游戏宣传、定期维护玩家关系等。

如何去做网吧铺设，史玉柱说道：我们要派人去安装客户端，要把游戏安装上去，要和网吧管理员（网管）建立联系，进行宣传，教会网管，网管才能去教会玩家，大概有个五六项工作吧。

史玉柱的网络游戏将海报贴到了大大小小的网吧，还在网吧大量制作门头灯箱、包墙广告。保健品推广中形成的制作大量推广物料的经验，也使征途网络的推广人员拥有各种武器，例如贴在玻璃门上的"推拉"在 LOGO 上印上"推""拉"字样的指示牌，在网吧很受欢迎。

我们有时会在周末包下全国各地 5 万家网吧让玩家来玩。

史玉柱会定期组织"包机"活动，这一活动受到了农村网吧老板的欢迎。史玉柱定期将全国 5 万个网吧内所有的机器包下来，让玩家来免费玩《征途》。这种推广方式可以让玩家主动与《征途》展开面对面的亲密接触，不仅提高了巨人网络和《征途》的曝光率，对于发展潜在用户也发挥了很大的作用。

"包机"活动一个月就要支出上百万元的费用。但是，对于很多上座率不到一半的农村网吧而言，包场当然是求之不得的天大好事。史玉柱还推出了网吧分享卖《征途》点卡的 10% 的折扣，这使得史玉柱在农村市场点燃的星星之火绵延不绝。

可以在巨人网络的招股说明书上看到其布线情况："我们已经建立了全国性的经销和营销网络，用于销售和推广我们的预付费卡和游戏点卡。截至 2007 年 8 月 31 日，我们的经销网络由 200 多家经销商组成，覆盖了超过 1165 家零售店，包括全国各地的网吧、软件商店、超市、书店、报刊亭以及便利店等。除此之外，我们还通过自己的官方网站销售游戏点卡。

截至 2007 年 8 月 31 日，我们的营销网络由分布在全国各地的 250 多家联络处组成。"

为了管理众多办事处，史玉柱还组建了一支从总部到省、市、县的三级督察队伍，整日四处奔波，查看下面的办事效果。从这些细节，足以看出史玉柱对终端争夺的用心。并且 1800 多个县的办事处人事需"越级"任命：县级办事处人事需要省级任命，市级办事处人事需通过省级报上海总部任命。人事不能由顶头上司直接任命。这样的话，就比较难以产生帮派。

地面推广的营销方式很快就让网游的"前辈们"领教了这种无所不能的强大力量。盛大前副总裁朱威廉说："史玉柱的营销团队对地区控制力度极为强势。以前的游戏发行商往往要依赖省级代理，因此对地区的控制很差，顶多就是陪着省级代理商下去踩踩点，史玉柱团队可以绕开省级代理，这不仅可以降低代理商之间的窜货，也让他在推广时的优势更明显。"

眼下，一个重量级的同行陈天桥也开始向中小城市渗透。面对即将到来的激烈竞争，史玉柱一脸的轻描淡写：

我不怕别人和我竞争，进入这个市场要交学费，估计对手 5 年后才能摸到门路。

相比史玉柱，陈天桥的触角就延伸得没有那么远了。陈天桥的人员最多到县级城市。史玉柱要求他的销售人员两天巡回一个网吧，而陈天桥的销售人员在县级城市最多一个月巡回一次网吧，因为人力不够。

正是这种地毯式营销，使得当时运营才一年多的《征途》跻身于中国网络游戏月收入上亿元的三款产品之列。

人生秘方

　　利用网络销售，可以明显地减少风险，这在国外的一些企业中已经得到证明。网上推销的一个重要好处是按订单生产，减少库存积压的风险，同时通过网络跟踪销售状况和了解市场，这都是减少生产风险的有力措施。

好产品形成好口碑

在珠海巨人集团出现危机之前，史玉柱去了趟美国，发现那里的人都在买这种（褪黑素即"脑白金"）产品，因为它可以改善睡眠。史玉柱便买了一些回来，给他的研发机构，要求他们研究。史玉柱当时要求所有中层干部和科研人自必须每天服用脑白金，体验它的效果，他自己也参与人体实验，发现疗效确实不错。很快，史玉柱的脑白金研制出来就开始向国家报批。结果，国家还没批下来，巨人集团的危机就产生了。

珠海巨人危机之后，史玉柱决定搞保健品时，就定下一个原则：

必须是有科技含量的，是真正有效的，这种效果不用依赖广告宣传，消费者自己就能感觉到。

脑白金正符合这种要求。史玉柱表示，自己吃过脑白金，感到有效果，才敢最终决定做"脑白金"。好的产品能产生好的口碑，并且：因为消费者最迷信的人是他所认识的人，口碑的推销力最大，成本也最低。

脑白金是 1998 年 5 月份才问世的。在决定开发脑白金前，史玉柱在江苏江阴做了长时间的市场调查后才知道，今天保健品市场广告的作用只占不到 20%，而"口碑"占 80%，没有"回头客"的保健品是无法做大的。在江阴，刚开始时，史玉柱在一个街道向一批老头老太太赠服脑白金，后来开了一个会，他们都说有效果。这就使史玉柱看到希望，但是能发展得这么快，他真没想到。

史玉柱认为，脑白金能从众多的保健品牌中脱颖而出，巨额广告投入并非其唯一成功法门。这些年广告费年年涨价，成本太高，靠广告根本撑不住市场。如果没有回头客，后果不可想象。史玉柱表示：

保健品要成功，必须过三关：产品关、宣传关、管理关。这三关中最重要的是产品关。脑白金之所以成功，是因为产品关过得很"精彩"。广告很重要，没有广告肯定不行，但产品是基础。

做保健品，关键是手里要有好产品。当时，史玉柱手里掌握充足的资料，在学术界，关于这种产品我有 8000 多篇论文，其中有 7000 多篇论文对它是充分肯定的。理论上站得住脚。更重要的是，保健品最怕别人吃过后说"吃和不吃一个样"，能让消费者服用之后马上有感觉的保健品本来就少，当时差不多有近104种类似的产品备选，选中它就是因为见效最快。

好的产品才能形成好的口碑。提到脑白金，史玉柱总免不了提起"江阴调查"，他之所以再一次提到"江阴调查"，是因为江阴调查在珠海巨人集团事件后，是一个分水岭，从此，史玉柱对巨人的东山再起有了信心。

那个时候，史玉柱戴一副墨镜，走街串巷，走访了逾百位消费者，他们也会在街上主动跟人打招呼：如果有一种药，可以改善你的睡眠，可以通便，价格如何如何，你愿不愿意使用它？

一段时间后，史玉柱在一个街道搞了个座谈会，他以脑白金技术员的身份出现，对脑白金的效果进行了讲解，后来发现人们反馈效果特别好。"有的人甚至说，老人斑都褪了。"

有这么好的口碑，史玉柱一下就预测到全国的市场。

1998年7月的座谈会以后，史玉柱对他的团队说我们有戏了，我们能做起来了，靠这个口碑的力量就能把我们的市场做出来了。到那个时候，我对中国的保健品市场已经很熟了。

在低谷的时候，史玉柱曾经研究过市场问题。就分析中国的保健品，十个里面有九个是不赚钱的。为什么不赚钱？一个，可能产品功效不明显，也可能有功效，但消费者可能感觉不到。那么就特别依赖于广告。广告一打，销量就有；广告一停，销量就停。它的市场没法靠口碑去维持。

实际上在广告高投入的时候你是不赚钱的。老是不赚钱，哪个企业也受不了。所以保健品要赚钱，必须靠口碑相传，靠口碑相传来起到广告效应，赚口碑相传的钱。

2002年3月14日《南方周末》发表《脑白金真相调查》一文，对"脑白金"的炒作进行了揭露。史玉柱也曾专门赶往广州，为阻止《脑白金真相调查》进行过努力，然而这篇文章还是被发表了。史玉柱创造的又一个奇迹是，在被《南方周末》揭露以后，并没像三株、彼阳牦牛壮骨粉等品牌一样迅速"死去"，而是继续保持了较高的增长速度。对于媒体质疑的脑白金功效，史玉柱认为不容置疑。2002年3月，史玉柱在接受媒体采访时说道：这（脑白金）是国家卫生部批准生产的保健品，同类产品也有 80 多种。功效如何，消费者最有发言权。我们现在有五六亿元的销售来自回头客。

对比脑黄金而言，脑白金不仅是理论上有效果，而且让消费者可以自己感觉到它的效果，这是很神奇的。所以脑白金畅销六年，每年销售回款 10 亿元，顾客的回头率达到 60%。最好的时候每月有 2.5 亿元回款，而脑黄金最好时才 4000 万元。

根据史玉柱分析，批评脑白金的人多数没吃过脑白金，而吃了脑白金的人一般不会主动对媒体说，他们没有对媒体宣传的义务。脑白金在消费者中靠口碑宣传，赢得的是回头客，却由于老大的身份而背负起保健品行业的骂名。

对此史玉柱的回答是：这个问题你应该去采访消费者。现在我们销量的 80% 是通过口碑作用靠回头客带来的。如果你说产品是骗人的，他们怎么会回头呢？真正说脑白金没有效果的人不超过 10%。我自己也吃这个产品，平时出差都随身带着。

人生秘方

史玉柱认为口碑宣传是最重要的，时间最能说明问题。脑白金刚成功的时候，很多人说不用一年就垮掉，结果卖了快 11 年，现在还是同类产品的销售冠军。

好品牌容易被大众接受

美国当代营销大师阿尔里斯曾说过："一个好的品牌名称是品牌被消费者认知、接受、满意乃至忠诚为前提，品牌的名称在很大程度上对产品的销售产生直接影响，品牌名称作为品牌的核心要素甚至直接影响一个品牌的兴衰。"

史玉柱在点评《赢在中国》选手时曾给了一位选手这样的建议：

品牌的名字，一定要朗朗上口，听一遍就记得住。人的记忆主要靠视觉和听觉。相对来说，听觉上的记忆要远远大于视觉上的记忆。你现在这个品牌有瓢虫形象，适合视觉记忆，听觉上还差点。现在不少中国人喜欢外国品牌，你用英文名字没问题。但你一定要有一个朗朗上口的中文名，名字越简单越好，越日常越好。不要用那些记不住的东西。

品牌名称用得好的著名案例就是雀巢。当时瑞士商人、化学家和发明家亨利内斯尔在 1867 年终于创立了育儿奶粉公司，以他的名字 Nestle 为其产品的品牌名称，并以鸟巢图案为商标图形。因为英文雀巢（Nest）与他的名字为同一词根，所以中文一并译为"雀巢"。内斯特尔（Nestle）英文的含义是"舒适安顿下来"和"依偎"；而雀巢图形自然会使人们联想到慈爱的母亲哺育婴儿的情景。"雀巢"品牌定位充分体现了具体的功能定位和情感定位，因而其品牌名称为人们所熟知。

1989 年，雀巢进入中国，中文品牌名应运而生，可谓如虎添翼。即使是一个偏远山区、大字不识的农民，对于这样的一个品牌名称也是绝不会有不解的。"雀巢"品牌名称及图形所注入的情感及意象，树立了品牌和企业良好的形象。

再如，中国的民族品牌"娃哈哈"。今日之"娃哈哈"，用"妇孺皆知"一词来形容并不过分。这样一个产品名称的由来，却颇费周折：最初，娃哈哈集团与有关院校合作开发儿童营养液这一冷门产品时，就取名之事通过新闻媒介，向社会广泛征集产品名称，应征者如潮。宗庆后对铺天盖地的"素""精""宝"之类的时尚名称一笑置之，而把目光落在了"娃哈哈"三个字上。参与征集评定的专家认为这个名字太俗，但宗庆后不这么看。大众产品何必自命清高？

他的理由有三：一、"娃哈哈"三个字读音中的韵母…a'，是小孩子最容易发也最早学会的音节，朗朗上口，易于传播。二、从字面上看，"哈哈"是各种肤色的人表达欢笑喜悦之欢。三、一般人认为儿童产品的购买者是父母，应以之为主要促销对象，而娃哈哈这一品牌符号一开始就力图拉近与产品的最终消费者的距离。一言以蔽之，取这样一个别致的商标名称，可大大缩短消费者与商品之间的距离。事实证明，宗庆后的判断是对的，娃哈哈被孩子们接受，这三个字也被广为传播。

脑白金主要的功能成分在医学上叫做 MELATONIN（美乐通宁），意译为褪黑素，也叫作松果体素，是人脑腺体即松果体分泌的一种调节人体睡眠周期的激素。为了更直观、易记忆、利传播，脑白金在命名和宣传的过程中，避开了"褪黑素"专业技术性过强和不容易记忆的弊端，而选用了"脑白金"这个名字，这不仅更易于确立"脑白金"的商品概念，另一方面将产品和功能成分等同起来，有效建立了进入障碍。这种看似简单的命名手法，为脑白金开创并独占新的品类奠定了基础，并广泛地被许多企业所模仿发挥，如"商务通""鲜橙多"等均从中受益匪浅。

史玉柱曾在一次演讲中谈到脑白金名称的由来，他说道：产生做脑白金的想法大概是 1996 年，巨人集团走下坡路的时候，他当时就想重新做一个产品，把这个产品能争取做成一个上量的产品，能有一个规模，这时就注意到 1995 年美国出现了一个疯狂，就是关于褪黑素的疯狂，在当时就想做一个以（褪）黑素为主要原料的产品，当时定名字也争论了半天，最后定下名字是在胶州，定为脑白金，当时不敢用脑白金，因为怕和脑黄金产生冲突，就是别人会误认为它是脑黄金的换代产品，因为脑黄金已经定位到儿童上面了——健脑，如果用"脑白金"的话会不会还会让人从健脑上去考虑，但（珠海巨人集团危机之后）最后还是用了这个名字，很多人认为这个名字有副作用，但史玉柱考虑可以想办法克服。

名字的好处是容易记忆，一个名字如果不上口，不容易记，往往就要花上几十倍的广告力度才能达到让别人记得住的效果，虽然名字不是唯一的使产品做好的依据，但是这是核心的重要的一个环节，凡是做好的产品，大多数名字取得不错。但也有个别名字取得不好的，最后做得还行的。如御丛蓉名字不好，但终端做得非常好；康泰克名字不好，但时间长，投入多也就做出来了。如果取一个好名字可以减轻很多的劳动量，减轻好多压力，脑白金名字取得是比较好的，有缺点，优点也很突出；红桃K 名字好。凡是取名不大众化的都让人记不住，所以取名很重要，脑白金取名还是很成功的。

　　品牌名字要抓住消费者的心理需求。能体现品牌的文化底蕴和消费理念，否则，不能有效激发消费者的购买欲望。

营销的专家就是消费者

　　在销售市场上有这样一个奇怪的现象："离市场越近的经理人越容易成功，做营销的人不要迷信专家，也不要迷信书本。谁是我们最好的老师？消费者！只有消费者才能成为我们崇拜的偶像。企业营销应该深刻把握、深入了解消费者的内心活动。"

　　著名的营销大师特劳特曾说过，营销是一场认知之战，而不是产品之战，CEO 必须要掌握营销，必须掌握消费者心中的认知，得到消费者的认同。

　　面对任何负面的消息，史玉柱都显得有些理直气壮——让消费者说了算。

　　"我啥都不管只关心玩家的意见。"史玉柱这么说。史玉柱凡遇到有关产品设计的话题，他都兴致盎然跟你仔细讨论每一个细节。他每天玩游戏，对他而言，这就是工作，在玩游戏的时候，史玉柱只开两个窗口，一个是游戏的主界面，另一个是研发组的 MSN 群，"发现问题我直接在群里面和他们探讨"。史玉柱每天花 15 小时听取玩家的意见，"我睡眠时间相对比较短，剩下时间都在跟玩家交流"。在他的原始想法里，整个人类的文明史都应该被囊括进去，玩家可以体验从原始人类到未来世界进化过程。

　　阿基米德说："给我一个支点，我就可以撬动地球。"而史玉柱成功的支点正是他出神入化的营销手段。

　　史玉柱说：我一直认为，营销学书上的那些东西都是不可信的，和他们想法相反的，倒可以试一下。营销学诞生于 20 世纪初的美国，事实上是当时美国几大广播公司搞出来的目的就是为了让企业投放广告。最好的营销老师就是消费者，如果有好的产品、好的营销和过硬队伍，就能打开市场。

史玉柱指出，脑白金品牌的策划，完全遵守了"721原则"，即花70%的精力服务于消费者，把消费者的需求放在第一位；投入20%的精力做好终端建设与管理；只花10%的精力用来处理经销商关系。之所以要花费大量的精力在消费者身上，史玉柱认为：

营销是没有专家的，唯一的专家（就）是消费者，（也）就是你只要能打动消费者就行了。

保健品市场当初竞争那么激烈，在一片红海深处，史玉柱用脑白金、黄金搭档创造了一片蓝海，大获成功。究其原因，史玉柱认为："我的成功没有偶然因素，是我带领团队充分关注目标消费者，做了辛苦调研而创造出来的。"

史玉柱认为，要想搞出好的策划方案，就要去了解消费者，但消费者又是最难了解的，所以为了加深对消费者的了解，就得花费大量的时间。

传统的商业思维是，有了一个好的产品，再根据产品去找市场。史玉柱的逻辑却恰恰相反，他是先在一个广阔的市场中研究消费者，然后再根据消费者的需要定位自己的产品。

2003年，史玉柱驾驶着自己的奔驰500一边游山玩水，一边做市场调研，走遍了中国除台湾、澳门之外所有的省、市、自治区。

他当时深入调查后发现，在中国，至少有70%的女性存在睡眠不足问题，而老人存在睡不好觉问题的有90%之多。并且老人和妇女还存在另外一个共同关心的问题，那就是衰老。

史玉柱眼前一亮：这是一个现存的、大得几乎让人难以想象的市场机会、更重要的是在这个市场内缺乏明显的领导品牌。于是，针对这些消费需求，脑白金以及其后的黄金搭档强势推出。

一开始，脑白金的推广并不顺利，但是，只要认准的事，史玉柱不轻易放弃。

正是看到许多中老年人失眠、肠道不好的"迫切需求"，脑白金改变了传统韵胶囊形式，推出了1+1的产品模式：胶囊管睡眠，口服液管肠道，刘伟称"脑白金这个做得很绝"。

之后的黄金搭档的广告词更是直白："黄金搭档送长辈，腰好腿好精神好；黄金搭档送女士，细腻红润有光泽；黄金搭档送孩子，个子长高学习好。"这样的广告被人们骂为俗气，但它却牢牢抓住了每一个目标受众的心。

同样的原理和方法，在决定进军网络游戏市场的前夕，史玉柱也进行了大量对游戏玩家的研究。

人生秘方

顾客的需求就是商机。作为一个企业，把握住消费者的需求才能在商战中获胜。不要被固有束缚，用发散性和逆向思维思考问题。抓住时代的脉搏，知道消费者想要什么产品或服务。然后不断改进营销方略，争取最大的市场份额。

第七章

广告宣传：让观众记得住广告

"今年过节不收礼，收礼只收脑白金！""孝敬爸妈，脑白金！"在如今高密度的信息轰炸时代，很多人讨厌这个广告却对其印象深刻。并且脑白金广告刚问世就"得罪"了广告界，更引来无数责骂。

广告广告再广告

2006 年 12 月 1 日，一条同时出现在中央电视台一套和五套黄金时段的广告冲入了亿万观众的眼球：一位长发披肩的红衣少女，突然对着笔记本电脑爆笑，紧接着是一声模仿京剧念白的怪叫，一个手掌式的图标拉出"征途网络"四个字，屏幕下方一直有一个网址：www.ztgame.com。这段 7 秒的广告仅在新闻联播与天气预报之间的黄金时段里，就足足重复了三次，连播了整整一个月。

这是 2004 年国家广电总局要求禁播电脑网络游戏广告以来，国内网游运营商第一次以企业形象广告的"擦边球"方式登陆央视，业内和舆论哗然。正是因为这种"敢为天下先"的动作，征途公司的广告带来的效果远远超过广告本身的能量。对此，史玉柱表示：

烟草都能做广告，我们网络游戏为什么不能做广告？我觉得网络游戏可能形象比烟草还好一些。

纵观史玉柱近 20 年的创业史，不难发现，史玉柱是一个对广告与其说是钟爱不如说是偏执的人——也许中国再也找不到第二个对广告如此偏执的创业者了。

1989 年开始开发的汉卡，当时开发组就史玉柱一个人，大约在 1989 年 6 月份开发完，7 月份就开始筹备上这个产品。一个好的产品如何让市场接受，并非一件容易的事，只有技术没有市场，一切就还是在起跑线上。史玉柱虽然没有学过广告学，但并不等于史玉柱不了解广告的作用。史玉柱表示：

当初拿着汉卡，想让人知道，就只能投广告。当初每个字都是自己编的，第一次广告就成功了，自然会投入更多。后来买过一些广告专业书，发现教科书都是骗人的，广告的关键是要重视消费者。

当时只做了一个广告，在计算机报上，做了 1/4 版，当时密密麻麻将版面全部都排满了，主要都是文案，题目是"M-6401 桌面印刷系统——历史性的突破"，下面就讲自己的产品如何好。当时这个广告其实问题很多，当时也不是很懂，只是觉得如果有任何的空白都是浪费，所以将每一个地方都塞得满满的。第一次做广告文案，不懂，但也清醒地认识到自己不懂，所以花了很大的工夫，当时大概写了 500 多字，花了整整一个月时间进行修改，最后自己觉得一个字也不能删不能加了，该说的都说到了，才把这个广告登出去，当时效果还挺好的，原因可能是当时做广告的还不是很多，大家还不是很重视广告。《计算机报》当时打了三次，两三个月的时间做到了 100 万元的销售额。这是最早的一次广告宣传，也就是第一个产品。

在广告登出后的第 13 天——8 月 15 日，史玉柱的银行账户上第一次收到了三笔汇款，共 15820 元。这些钱最后都投入到了下一轮的广告宣传中，结果是仅仅四个月后，就实现了 100 万元的销售收入。就这样，史玉柱的事业由此起步。

后来经济改善了，一下子有了上百万元的收入了，所以后来（广告）就变换了一些花样，当时变化的花样仅局限于表现形式上，方案精练了一下，然后搞了一些图形的设计，到深圳大学图书馆找国外的图片，按图片来做。

人生秘方

　　我没有学过广告，当初拿着汉卡，想让人知道，就只能投广告。当初每个字都是自己写的，第一次广告就成功了，自然会投入更多。后来买过一些广告专业书，发现教科书的都是骗人的，广告的关键是要重视消费者。

让观众记得住的广告

脑白金历史上效果最好的广告是刚开始时拍的，当时史玉柱只有 5 万元去拍广告，结果只花了 1 万元，当时请了广州话剧团的一位演员，他的表情很夸张，喊着"今年过节不收礼，收礼只收脑白金"，甚至有点娘娘腔。这个广告拍摄质量非常差，很难看，只能在县级台或市级台播，省一级的电视台都不让播。但是很奇怪，这个广告播出一周，商场销售终端的货全卖断了，没几天，脑白金的销售量就上去了，后来史玉柱他们研究后得出的结论是：观众因为讨厌才印象深刻，脑白金真正地打开市场和这个广告密不可分，史玉柱表示当初是误打误中，做了那个广告。

2001年，史玉柱讲述了当时脑白金的广告的策划过程，他讲道：1998年八九月份启动的江苏常熟。第一个月没有赚钱，但是第二个月开始就有可观的利润了，后来就用这个利润去滚，所以就在珠海拍了两部片子，一个是两分钟的专题片，但是效果不理想，后来就停了。

另外又拍了一个就是现在大家都看得非常讨厌的娘娘腔的那个十秒广告，人看人厌，拍了之后，我们总部觉得还可以，但是分公司和办事处看了之后感觉很丑陋，不肯播放。

后来1998年底和1999年元旦春节那阶段，还是在一些地方播放了，那年启动的地方不多，但是销量不错，我们销量已经2万多件了。春节之后我们总结教训时，好几个地方说这个不能播了，甚至于消费者跑到电视台去投诉，由于分公司给史玉柱的压力太大，所以这个广告片就不播了。

随后，为了提升产品档次，1999年，脑白金请来了相声演员姜昆与大山重拍广告。

后来对这个广告片的叫骂声太多，史玉柱也觉得掉形象，公司发展后，他们花了几百万元请姜昆和大山做了广告，因为他们的调查表明家庭妇女喜欢大山，而她们又是"脑白金"的主要购买人群。

但谁知就是这个略显"阳春白雪"的广告竟然卖不动货。新广告播出后，产品销售没有任何影响。

无奈，脑白金又换回了第一个广告，结果，市场反应迅速，销售业绩一片大涨。

换上那个让人讨厌的广告，销售量反而一下子起来了。最后分析原因发现，现在广告太多了，每天晚上一个人要看几百个广告，99%的广告大家是记不住的，没被记住的等于白搭，尤其越美的广告越没印象。有人认为广告讨厌，就不买产品，但我们跟踪发现，多数人到了商场的时候，要买东西送礼，他往往想到印象最深刻的那一个，潜意识里他还是买了。所以说做什么都要务实，从企业的角度来讲，能卖产品才是好广告，不能卖产品的广告对我们的企业来说就不是好广告。

正是这件事。让史玉柱坚定了走广告实用之路线，即卖货第一。

2002 年，脑白金广告开始以卡通老人的形式出现，相比较而言，不仅制作费用降低了很多，同时也吸引了消费者。

然而，许多广告专业人士都觉得"脑白金"广告做得臭，连续几届将脑白金广告评为"十差广告"之首。但史玉柱发现越是做得差的广告，销售越是好。

从此，脑白金坚定了这种单一的广告传播形式，本质不变，形式稍作改变。于是，人们在 6 年内看到了多种版本的卡通老人广告。如群舞篇、超市篇、孝敬篇、牛仔篇、草裙舞篇及正在播出的踢踏舞篇，而广告词却是高度的一致，不是"孝敬咱爸妈"就是"今年过节不收礼，收礼还收脑白金"。卡通老人版广告给人留下的印象反而比姜昆、大山版广告深刻，很多人记不清姜昆、大山说了些什么，但对卡通老人的每一丝表情都记得很牢，模拟起来绘声绘色，效果非常好。

不管（观众）喜不喜欢这个广告，你首先要做到的是要给人留下印象。广告要让人记住，能记住好的广告最好，但是当时我们没有这个能力，我们就让观众记住坏的。观众看电视时很讨厌这个广告，但买的时候却不见得，消费者站在柜台前面对着那么多的保健品，他们的选择基本上是下意识的，就是那些他们印象深刻的。后来，我们觉得这个广告对不起全国人民，就希望在达到同样商业效果的基础上，能让观众对我们的广告印象不那么差，于是我们开始拍更好看些的广告。当时同一个广告方案我们请了很多广告公司同时拍，一共有二十几个版本，史玉柱挑了几个，虽然很美、印象也深刻，但是商业效果却还是不如第一个。

其实史玉柱早就有能力可以把广告拍得更美一点，但给人的感觉好像史玉柱并没有选择把广告拍得更美一点。

史玉柱表示：实际上我们决定用哪个广告，美不美，没有作为标准。消费者哪个印象深刻，印象深刻他才能记住你的产品，印象深刻我是作为一个衡量指标的。后来发现这样的话老百姓反感的越来越多了，我们才增加了一个指标，就是印象深刻的同时再给我增加美感，但美感也不能增加过度，有时候增加过度了销售额反会下降。

2001 年，黄金搭档上市，史玉柱为它准备的广告词几乎和脑白金的一样俗气："黄金搭档送长辈，腰好腿好精神好；黄金搭档送女士，细腻红润有光泽；黄金搭档送孩子，个子长高学习好。"

在史玉柱纯熟的广告策略和成熟的广告路线推动下，黄金搭档很快走红全国市场。原来人们骂脑白金的广告恶俗，连年把它评为"十差广告"之首，现在"十差广告"的第二名也是史玉柱的了，因为黄金搭档上来了。

这时史玉柱自我解嘲道：我们每年都蝉联十差广告之首，十差广告排名第一的是脑白金，黄金搭档问世后排名第二的是"黄金搭档"，但是你注意十佳广告是一年换一茬，十差广告是年年都不换。

即使如此，这两个产品依然是保健品市场上的常青树，畅销多年仍不能遏止其销售额的增长。

2007 年 1 月，史玉柱在新浪网上回答网友的提问时说道：我做广告的一个原则就是要让观众记得住，现在对脑白金广告争议小了一点儿，以前对我们的广告争议比较多，比如脑白金广告失败的教训也挺多，最近没有了，我觉得这个是广告风格的问题。你像脑白金连续七八年每年都评为中国十差广告，每次一评之后我就踏实一点儿，如果没被评上，说明我这个网络可能还是有点问题的。你看每年评广告，十差广告，这七八年来老是不换茬，就那几个，第一名脑白金，第二名黄金搭档，然后白加黑等一大堆。

史玉柱认为作为企业，它的广告效果肯定第一是追求观众记得住。观众记得住，往往会伴随着不太高兴甚至厌恶感，因为你突然看电视剧的时候突然来一个广告，我想没有哪个观众会喜欢这个串，记住你了，自然对你的印象就不好。

史玉柱说道："这则广告已经成了中国广告史上的一个经典，尽管无数次被人指责为功利和俗气，但它至今已被整整播放了 10 年，累积带来了

100 多亿元的销售额，2007 年上半年脑白金的销售额比 2006 年同期又增长了 60%。”

人生秘方

> 现在是广告时代，广告文化实际上就是消费文化。广告的作用不仅是帮助商家推销自己的品牌，樊春雷博士还向我们解释了广告的一个并未被普通人所了解的作用，所以做广告一定要让观众记得住。

做广告，就是在走钢丝

说到做广告，每一个人的脑海里不由得浮现出去多难以忘怀的广告语，其中就有许多为人们所熟知的药品、保健品，那么这些药品、保健品是怎么出“名”的呢？哈药是电视广告打出来的，养生堂是媒体广告推动的……正应了那句业界流传已久的老话：保健品推广广告不是万能的，但没有广告则是万万不能的！

对此，被称为“中国营销专家”的史玉柱也颇有心得：做广告，就是在走钢丝。与其在走的时候停停留留、犹犹豫豫，不如鼓足勇气一走到底。他解释说：

实际上，广告投入到一定时候，它才有一个飞跃，前面都是量的积累过程，销量的增长不会太大，可一旦突破一个临界点的时候，（产品）销量会突飞猛进地涨。有很多做保健品的还有其他行业的，投广告的时候蜻蜓点水，实际上风险最大，是在浪费钱。

所以说，做广告，就应该“将广告进行到底”——把广告做到位！

脑白金最初上市的城市很多，但并没有那些后来泛滥的广告。当然，这其中一个原因是因为当时史玉柱还没有足够的资金。但是，到 1999 年前后，在写字楼和城市的路牌广告上，人们可以一眼看到字体巨大的“脑白金”字样，史玉柱以这种低廉的投入、无孔不入的方式使“脑白金”强力渗透，完成了产品的大规模铺市工作。

"营销大师"史玉柱有自己的高招，脑白金仅靠软文就启动了市场。在史玉柱的观念中，产品宣传策略应该是追求最有效的途径、最合适的时段、最优化的组合，不求全但求到位。因此，脑白金最早以报媒、小册子为主导，启动市场，以终端广告相辅助。

所以，史玉柱坚持在市场启动期，脑白金基本以报媒为主，选择某城市的1~2家报纸，以每周1~2次的大块新闻，集中火力展开猛烈攻势，随后将10余篇的功效文章轮番刊登，并辅以科普资料作证。这样的组合，一个月后就收到了效果，市场反响强烈，报媒为产品开道，大大唤醒了消费者的需求，刺激了购买欲望。

与此同时，脑白金也在终端做了些室内广告，如独创的产品大小模拟盒、海报、POP等，在媒体中最值得研究的是那本《席卷全球》小册子。

但此之后，随着产品渐入成长期，脑白金的媒体选择开始发生变化。报纸、电视广告逐渐取代报纸媒体成为重要的媒体组合。另外，宣传册子成为集团购买与传播产品知识的有力手段。

在脑白金成长期或成熟期，史玉柱则将媒体重心向电视广告转移。电视广告每天滚动播出，不断强化产品印象，广大中老年人有更多的机会接触电视，接受产品信息。脑白金电视广告为三种版本：一为专题片；二为功效片；三为送礼片。三种版本广告相互补充，组合播放，传播力度更是不同凡响，特别是周边地区，电视广告更是主要手段。

脑白金的广告创意，曾经做了几百个让史玉柱挑。史玉柱最终依然没挑出更好的，最终还是沿用了脑黄金旺季使用的广告词："今年过节不收礼，收礼只收脑白金！"

脑白金在产品成熟期，有8部专题片，每天播放的科普片不能重复。一般在黄金时段、亚黄金时段播放一次，视具体情况而定。脑白金的送礼广告，更趋向于黄金时段，强调组合使用系列性，但时间上要错开。

脑白金的广告播放期，史玉柱采用"脉冲"式：2月至9月初，广告量很小。每年集中两次高潮：一是春节，一是中秋。中秋节时的密度最大的是倒推10天，春节是倒推20天，加在一起一共就30天。这30天，不惜血本，砸到让人烦。30 天之后。让你一看到脑白金广告，就会感觉到多，而实际上已没什么广告了。

人生秘方

　　在人的一生中，总会遇到一些让事业长足发展的好机会。选对方向之后，就要坚决地走下去。走走停停，是不能顺利达到目标的。

让媒体免费宣传

　　马克·休斯是一个老道的颇有名望的市场营销专家，他说"新闻媒体的妙处是什么？就是它拥有消费者注意力"。他认为："正因为它拥有人们的注意力而且可信，媒体可以夸大你的产品。"

　　说"新闻无小事媒体无大小"这是由"媒体共振规律"决定的：无论多么不起眼的媒体，只要是合法存在的，它的话语权不亚于任何一个主流的大媒体，因为在网络时代和新闻炒作的今天，只要一个媒体发难，即使那完完全全是一则虚假新闻，网上也会立即被转载传播。

　　但是，如果善于抓住机会，利用媒体，制造一些营销事件，让媒体自觉为企业报道有利的消息，将是说服力最强的一种宣传方式。

　　2001 年 2 月 9 日，在民间对史玉柱还钱举动议论越演越烈，争辩不绝于耳之时，史玉柱接受了《北京青年报》专访，在这篇以《我想站起来，背着污点做不了大事》的长篇专访中，史玉柱正面回答了各种媒体上对他的报道和议论：

　　记者：你斥资上亿元回购楼花还款百姓的事情炒得非常热闹，请问：还款百姓，究竟是善举还是为自己的公司、为自己树立良好的信誉形象？

　　史玉柱：我觉得两者不矛盾，是统一的，我不讳言两者都有。近日，经济学家发言批评我：你巨人公司没有"有限责任"四个字，说明你是个无限责任公司，你史玉柱本来就该还钱，没什么好宣扬的。我觉得很可笑，这位经济学家不懂"法"。

1992年，巨人公司注册时还没有《公司法》，没有有限、无限责任之说。按照他们的观点来说，这钱你史玉柱本来就该还，逃都逃不掉的，你应该把本、息一块儿都还上，几年来造成的经济损失还上，精神损失也应该补上，我史玉柱个人借款1个多亿还老百姓的钱，还钱还成罪人？媒体如果总这样，我没办法，我无话可说。

现在回过头来想想，我觉得我人生中最宝贵的财富就是那段永远刻骨铭心的经历。段永基有句话说得特别好，他说，成功经验的总结多数是扭曲的，失败教训的总结才是正确的。

记者：为什么要还这些你本来可以不还的钱？在这个时代，这看上去太古典了。

史玉柱：因为我们坚信我们将来还是要做大事的。……背着污点做不了大事，谁都会说："这个人把公司搞得一塌糊涂，欠老百姓钱也不还。"这样的话你将来什么事都干不了。

记者：就是说道义之外，这也是一个很现实的考虑。

史玉柱：一举两得。我尽了我应该尽的职责了，社会责任我尽到了，对我将来发展有好处，眼前我好像吃亏了，1个多亿现金我付出了，但是这个回报我觉得不止1个亿。

如果当初选择了破产，巨人集团就可以清算了事。今天的史玉柱也就可以不必用那么曲折的方式，通过第三方公司来还钱，他从脑白金上赚来的两亿元资本，完全可以给他带来更多的利润。

史玉柱说，"2001年还钱的'新闻'不是策划，至于全国媒体的报道也是被你们逼出来的。不管外界怎么评价，其实说到底我不是太张扬的人，能回避就回避，尽量少接触，因为我现在没这个需要。"

从现实来讲，还钱，对史玉柱来说，其实也是最好的复出和广告。因为，史玉柱把钱一还，不仅扫除了自己在前进道路上的障碍和心理阴影，还给自己做了一个大广告，树立了良好的形象。

可以说，还钱使史玉柱东山再起，在一夜之间家喻户晓。无心插柳柳成荫，通过还钱之举，2001年上半年史玉柱还是成了全国上下、大江南北曝光率最高的名字之一，凭着还钱的举动，史玉柱还成功当选中央电视台评出的"2001年央视十大风云人物"，一时更是声名鹊起、轰动企业界。

了解传媒和广告操作的人都知道，以新闻刊出的报道比之广告的传播效果不知要高出多少倍。假如，如果将这些铺天盖地的媒体报道都换算成广告版面的话，所要付出的资金会远远超过史玉柱还钱所花的一个亿。

据统计，由还钱而引发的新闻报道其广告价值超过1个亿，正好与他还的钱数相当。因此，还钱等于是变相地做了一个广告，史玉柱在这个阶段正需要加大宣传力度，他将本来就要用来做宣传广告的钱用还债的形式来花，既还了债，又做了广告，还树立了很好的公众形象，一举多得。

人生秘方

孙子说：帮善战者，求之于势。善于抓住机会，制造一些营销事件，让媒体自觉为企业报道有利的消息，将是说服力最强的一种宣传方式。通过借势造势，可以给消费者心理一种外在的推动力，从而造成购买动机。

在媒体上组织广告

史玉柱在担任《赢在中国》评委时给选手这样一条建议："可以在媒体上组织一些软性广告，比如多做一些公益性的事，让报纸、电视时不时对你有一些报道。"看似极其简单，却是史玉柱多年营销的经验之谈，有着闪光的智慧在里面。当初，著名的脑白金仅靠软文就启动了市场。可谓是"软硬"结合，新闻传播与广告宣传相得益彰。

新闻宣传类似于广告宣传，两者无一不是借助媒体的形式推广产品。但新闻宣传又有别于广告宣传，其更注重内容，讲究"以理服人"。

而软文是新闻的衍生，是以产品和企业为诉求中心的新闻。因此．新闻性是软文操作的第一原则。

新闻传播是史玉柱的"拿手绝活"，也是脑白金营销最得意的绝技之一。

从 90 年代中期开始，都市报登上市场舞台，这就直接为脑白金进行软文营销创造了媒体环境。因为，这些报纸虽然只是区域性报纸，但在发行的地区往往具有比较强的覆盖能力。这些都市报均是采取市场化运作的手段，投入成本大多不高，因此对于广告营收有着非常强的渴望和压力。可以说，全国性报纸地方广告版的兴起和都市报的兴旺，为企业软文宣传提供了平台。

另一方面，脑白金针对的主要消费人群是中老年人。这一部分受众是在计划经济下的媒体环境中长大的，他们已经习惯将报纸上刊登的内容与权威性联系起来，更容易接受软文的影响。这正好为脑白金的宣传提供了一个可以实施的平台，在这个平台上，脑白金实施了卓有成效的软文宣传。

史玉柱对软文广告的投放有严格的要求：选择当地两三种主要报纸作为软文的刊登对象，每种媒体每周刊登 1~3 次，每篇文章占用的版面，对开报纸为 1/4 版，四开报纸为 1/2 版，要求在两周内把新闻性软文全部炒作一遍。

许多消息曾这样传说，当时，史玉柱除了自己经常在办公楼下的"避风塘"里冥思苦想，策划吸引消费者的软文，他还经常把自己高薪聘来的方案高手拉到某家酒店，搞"头脑风暴"，搞全封闭式的软文写作。

为实施其新闻宣传策略，史玉柱还曾经在《中国贸易报·前程周刊》上大规模地招兵买马，目标瞄准作家、写手。

另外，史玉柱还对软文的刊登方法做出十分细致的规定，例如，要求软文周围不能有其他公司的新闻稿，最好刊登在阅读率高的健康、体育、国际新闻、社会新闻版，一定不能刊登在广告版，最好是这个版全是正文，没有广告。软文标题不能改，要大而醒目，文中的字体、字号与报纸正文要一致，不能登"食宣"字样，不加黑框，必须配上如"专题报道""环球知识""热点透视""焦点透视""焦点新闻"等类似的报花，每篇软文都要配上相应的插图，而且每篇软文都要单独刊登，不能与其他文章混合在一起刊登。

炒作完一轮之后，还要以报社名义刊登一则敬告读者的启事："近段时间，自本报刊登脑白金的科学知识以来，收到大量读者来电，咨询有关脑白金方面的知识，为了能更直接、更全面地回答消费者所提的问题，特增设一部热线……希望以后读者咨询脑白金知识拨打此热线。谢谢!"而这部热线，自然是脑白金内部的电话。

更让人叫绝的是，史玉柱把软文炒作的要点，总结成了妙趣横生的八十字诀：软硬勿相碰，版面读者多，价格四五扣，标题要醒目，篇篇有插图，党报应为主，宣字要不得，字形应统一，周围无广告，不能加黑框，形状不规则，热线不要加，启事要巧妙，结尾加报花，执行不走样，效果顶呱呱。

人生秘方

推销产品时，不但要做好硬性广告，做好软性广告也同样重要，"软硬"结合效果更加显著。

不坚持广告轰炸，代价也许更大

有句话说，在保健品推广中广告不是万能的，但没有广告则是万万不能的。美国当代广告之父大卫·奥格威说："产品不做广告，就如同在黑暗中向情人抛媚眼。"

广告令人反感是很正常的事情，其实我们对脑白金之外的广告不也是被迫地逐条欣赏的吗？

什么是广告？我们为什么要做广告？广告广告，无非是为了广而告之，达到销售的目的，它不是为了娱乐群众。

如果它能娱乐群众，那一定是因为这种娱乐的形式更有销售力。如果商家为了取乐公众，买下广告时段去播放好看但与企业毫无关系的电视连续剧，那么，这个企业一定会在人民群众的一片欢呼赞叹声中倒掉。当然，欢呼的是剧中情因为拍得好，至于企业倒不倒掉对他来说毫无意义。

为什么要采用广告"轰炸"的方式呢？史玉柱一针见血地说，也许广告"轰炸"的代价很大，但是不那么做，代价也许会更大。

在谈到脑白金的时候，有媒体问史玉柱："你下海后的第一笔钱是靠赊账打广告才赚到的，后来又经常把赚到的钱都统统投入广告，再后来又有人说脑白金是'广告暴利'，这方面你是怎么考虑的？"

史玉柱的回答很直接："一个面向千家万户的产品，要想家喻户晓，你说还有什么比广告更快？我想象不出还有什么更好的方法。"

是的，做不到第一就不能真正获得成功。很多人对脑白金的广告轰炸不屑一顾，只有真正对脑白金进行过研究之后，才知道脑白金为什么要那么做。对于脑白金这样的品牌，如果不能保持第一的位置，它就会迅速衰退。

史玉柱取胜商场的秘密武器之一，便是他对于广告的重视。史玉柱舍得花费巨资通过铺天盖地的广告宣传打动消费者，刺激消费者的购买欲望。史玉柱深谙电视报纸等大众媒体的运作规律，他创造的营销组合令脑白金取得非凡业绩。让我们仔细看看他所推出的脑白金广告，便可以从中看出他在广告手法上与常人的巨大差异。

曾经，有沈阳飞龙集团依靠广告成为全国性品牌。它是先尝试性地在东北和长江三角洲的一些中心城市投放广告，采取报纸连续刊登，同时跟进电视、电台、广告的形式，造成极大声势，市场因此一度走红，获得了高额的利润，一举跃为中国保健品行业的龙头老大。

很快，其他保健品企业纷纷效仿。之后，三株学飞龙，以"地毯式的广告轰炸"为打开市场的主要手段。

然而，飞龙却倒在广告之下，三株也终于在一阵辉煌后迅速坠落。面对那些曾名噪一时的企业纷纷倒闭的现状，史玉柱也知道，靠广告营销并不能给保健品带来春天。他认为，这是由于这些企业太过于依赖广告才导致失败的。令人不解的是，史玉柱自己依然坚持着广告"轰炸"。据史玉柱说，2001年脑白金的广告投放量是1个多亿，但同时史玉柱也表示，盲目的广告投入不一定能达到想要的效果。

史玉柱说：这里面有广告策略的问题，很多企业，包括深圳也有一些，一年的广告投放量都超过1个亿，但市场回报远远不到这个数。

实际上，史玉柱并不是时时刻刻都在进行高密度的广告"轰炸"。他巧妙地采用了"脉冲式"的广告投放策略：

每年只集中在春节和中秋节两次高潮。2月至9月初，广告量很小。从中秋节倒推10天，从春节倒推20天是广告密度最大的时间段，加在一起共30天。

到后来，人们一看到这个广告时，第一反应就是这个广告怎么这么多，这么烦，可实际上已经没有什么广告了。

另外，户外广告也成为脑白金中后期新增加的媒体亮点。史玉柱要求，户外广告主要根据各个区域市场的特点，有选择性地开展，如墙面广告、车贴、车身与横幅，而且，户外横幅求多不求精，目的是为了营造脑白金氛围。

人生秘方

"广告就像朋友，你不打招呼，人家就把你淡忘了。"有一种说法："炒作是自信的一种表现。"炒作可以这样理解：吸引注意力不亚于吸引资金，能够在最合理的时机，找到最合适的受众，炒他的东西，这样一定能赚钱。

史玉柱7大广告法则

近年，略带赌性的"史氏广告"所向披靡，创造了一个又一个中国营销神话。而在这些以恶俗著称的"史氏广告"背后，却是史玉柱洞悉人性、缜密策划、敢于投入、精于执行的系统性广告策略思维。

金融海啸席卷全球，经济寒冬如乌云压顶。在大家都感受到阵阵寒意，纷纷收缩战线，减少投入，锐减广告准备过冬的时候，却来了一位胆大不怕"冷"的——2008年11月初，在中央一套黄金广告时段，出现了一则似曾相识的广告——"送长辈，黄金酒"，其广告策略如同脑白金和黄金搭档的同胞兄弟一样，都是围绕礼品营销，都用恶俗的广告情节。黄金酒，是五粮液携手史玉柱联合打造的保健酒。"史大胆"这次逆"寒"

而上，将在中央台投入 3 个亿，维持 3 个月高密度投放，豪赌中国保健酒市场。

营销天才史玉柱的广告策略，一直备受争议。人们都骂他的脑白金广告恶俗，连年被评为"中国十大恶俗广告"之首。现在，占据第二位的是他的另一款保健品——黄金搭档。

有讽刺意味的是，就是这样公认的恶俗广告，却把史玉柱缔造成了身价 500 亿元的商业奇才。恶俗而实效的"史氏广告"背后，到底藏着什么秘密？让他如此自信。我们经过研究他的大量案例和访谈，提炼出"史玉柱 10 条广告法则"，探索"史氏广告"背后的秘密。

第一条：721 法则

史玉柱广告的实效性，来自大量研究消费者心智以及对消费心理的精准把握。史玉柱主张：花 70% 的精力关注消费者；投入 20% 的精力做好终端执行；花 10% 的精力用来管理经销商。

他曾对《赢在中国》的选手说："品牌是怎么打造的？我建议你本人到消费者中间去。品牌的唯一老师是消费者。谁消费我的产品，我就把谁研究透，一天不研究透，我就痛苦一天。"

脑白金成功不是偶然。在试点城市江阴，他亲自走村串镇，挨家挨户地去走访，和老太老头拉家常。"今年过节不收礼，收礼只收脑白金"的广告语就来自于这些无意的"闲聊"。

《征途》的成功也不是偶然。他玩游戏有 22 年，每天有 15 个小时充当玩家挑毛病。他的竞争对手陈天桥和丁磊都不玩游戏，这就凸现了史玉柱的优势。他曾与 2000 个玩家聊过天，每人至少 2 个小时。

网络游戏广告受到法规限制，他就在中央台投放了一个傻笑的"长发女"版的形象广告。如果你不是游戏玩家，很难看懂这个广告到底是什么意思。但只要是玩家，大凡都能体会到游戏中装备升级所带来的这种"只可意会，不可言传"的快乐。

广告战是一场看不见硝烟的战争，战场就在消费者的心智中。只有当把广告策划的重点放在研究消费者的心智，才能打造出一条能影响市场的广告。"史氏广告"就是这方面的典范。

第二条：测试法则

广告的有效性，只有通过与消费者、竞争对手的真正接触后才能判断。通过试销，能给企业带来调整广告策略、营销策略，甚至调整产品形态的机会和时间。史玉柱一向重视试销的作用。

脑白金在江阴和常州，进行了长达一年的试销。期间，尝试各种推广、广告、销售手法。为广告创意提供了足够的依据。"保健礼品营销"的方式和10年不变的广告语就来自这些试销活动。黄金搭档更是经过了三轮试销，才确定营销策略、广告策略。刚刚上市的黄金万圣酒，从2008年4月开始，在山东青岛、河南新乡两个市场试销。这两个市场的成功，完善了营销广告策略，为启动全国市场铺平道路。

市场是多变的，没有一个商业将领能保障自己的战略百分百取得实效。只有通过实战的检验才能真正测试广告的效应。每条"史氏广告"都不厌其烦、长时间地进行市场测试，可想而知，通过这种"层层历练"的广告的效果威力有多大！

第三条：强势落地法则

高空广告要想起效，必须有终端落地的配合。史玉柱就是"如洪水猛兽一般"地抓终端落地执行与线上广告配合。

脑白金时代，史玉柱在全国的200多个城市设置办事处，3000多个县设置代表处，全国有8000多销售员。他要求：脑白金在终端陈列时，出样尽可能大，并排至少3盒以上，且要占据最佳位置。所有的终端宣传品，能上尽量上。宣传品包括：大小招贴、不干胶、吊带包装盒、落地POP、横幅、车贴，《席卷全球》必须做到书随着产品走。

目前，巨人在全国拥有150多个销售分支机构、1800多个县市办事处和29万个销售点。在《征途》的推广中，他如法炮制了脑白金的落地方式，推广队伍是全行业内最大的，全国有2000多人，目标是铺遍1800多个市、县、乡镇。计划这个队伍要发展到2万人。

黄金酒的营销队伍在全国将拥有14000人的销售人员，计划经销商覆盖全国200多个二、三级城市和上千个县。

在信息爆炸的时代，只有围绕消费者，做到立体的整合营销传播，才能将企业的商业信息输送到消费者的心智中。"史氏广告"正是由于这样细致整合的手法,使得人们对他的广告"无处可逃"、印象深刻。

第四条:长效俗法则

史玉柱对产品的命名,可谓俗不可耐,不是白金就是黄金。他对黄金真是情有独钟。这些产品的广告,更是让人大跌眼镜。脑白金的卡通老人的广告系列,如:群舞篇、超市篇、孝敬篇、牛仔篇、草裙篇及踢踏舞篇,毫无创意,篇篇雷同。而广告词也高度一致,"孝敬咱爸妈""今年过节不收礼,收礼只收脑白金"。到现在整整"折磨"了13亿人民群众近10年之久。

2001年,黄金搭档上市,史玉柱为其准备的广告词几乎和脑白金一样俗气透顶:黄金搭档送长辈,腰好腿好身体好;黄金搭档送女士,细腻红润有光泽;黄金搭档送孩子,个子长高学习好。

即便如此,这两个产品依然在保健品市场上稳健成长,畅销多年。2007年上半年,脑白金的销售额比2006年同期又增长了160%。

"史氏广告"让城市里的观众难以接受。但这些符合地县级消费者观念的俗广告,恰恰以消费者的认知为基础,深刻地打动、影响了消费者,并进入消费者的心智中,产生了巨大的市场效应。这就是俗的"史氏广告"起效应的深层原因。

另外,虽然广告很俗,但都是原创性的,这个也很关键,因为这样给人深刻的印象。现在我们看到很多模仿脑白金广告形式的广告,大多没有成功的可能。

广告只有经过一段时间的投放,才能看见效果。在消费者的心智中注册一个品牌需要时间。史玉柱打广告,深刻地明白这个道理。所以脑白金的广告一打就是近10年。

史玉柱曾对《赢在中国》的选手说:"品牌是需要时间积累的,不能靠一个月、两个月的狂轰滥炸就想取得多大的成效。中国企业创建品牌常有一个毛病:今年一个策略,明年一个策略,后年又换一个策略,费钱费力,还没落个好。"

第五条：公关先行法则

史玉柱曾提示创业者"在弱小的时候，不要蛮干，要巧干"。这里的巧干，指的就是他的公关先行法则：利用软文、事件等软性手法，巧妙地启动传播。

脑黄金时期史玉柱就重视软性宣传，注重收集消费案例进行脑黄金临床检测报告、典型病例以及科普文章的宣传。为了配合宣传，《巨人报》印数达到了100万份，以夹报和直投方式广为散发，成为当时中国企业印数最大的"内刊"。值得一提的是，当时的三株、太阳神还在农村刷墙体广告。

脑白金上市初期，史玉柱做不起广告，他就出了一本《席卷全球》的书，对人们的健康认识进行颠覆性洗脑。但是书中没有涉及脑白金的产品，而是让消费者了解褪黑素。《席卷全球》对脑白金的上市推广起到了关键性的作用。为了更深入用软性的手段灌输脑白金的概念，他又启用了大量的软文。日后，这些软文成为营销界的经典之作，为史玉柱在短短的3年内销售额达到十几个亿，立下了"汗马功劳"。

2008年10月28日，在北京人民大会堂，以"世界第一瓶功能名酒"为噱头的事件营销拉开了黄金酒上市的帷幕，向世界宣告：世界第一瓶具有保健功能的白酒——黄金酒来了！紧接着，就是媒体的争先免费报道。

公关是品牌塑造的工具，更容易让商业信息进入消费者的心中。公关打造品牌，广告维护品牌。品牌的打造发生在消费者的心中，而第三方媒介的力量至关重要。史玉柱聪明地把握住了媒介公关在商业传播中的重要作用。

第六条：塔基法则

史玉柱的产品、广告都是瞄准"8亿人的塔基"。史玉柱曾说："中国市场是金字塔形，越往下市场越大。大家都重视北京、上海、广州等一类城市，但一类城市占全国人口的比重就是3%多点，4%不到。省会级城市和一些像无锡这样的地区性中心城市加起来，要远远超过一类城市，再小一些的城市，比如各省里的地级市，全国有380多个，这个市场又比省会城市更大，县城和县级市更难以估量。"

和"脑白金""黄金搭档"《征途》一样，黄金酒的推广，主要也是瞄准中国白酒消费人群的塔基市场。

中国最大的机遇在塔基。今年，世界金融风暴来袭，跨国集团开始紧盯中国的三、四线城市。而此时，很多本土品牌还在死咬一线城市，紧抓"面子"市场，实则不可取。史玉柱的几个营销神话，都是发生在最宽广、最具潜力的塔基市场，他的"商业帝国"才得以如此稳固和强大。

第七条：公信力法则

脑白金自始至终都在传播它的"美国身份"来增加产品的可信度。为了更有效地借用报纸本身的媒介公信力，史玉柱要求报纸软文字体、字号要与报纸一致，不能加"食宣"字样，加报花，如"专题报道""环球知识""热点透视"等，让消费者认为是新闻报道的一部分，而不是广告。

黄金搭档上市筹备期，史玉柱就为其准备好了公信力元素——国家一级学会：中国营养学会、瑞士罗氏维生素公司联合研发的产品说明书。

黄金酒这次做得更极致：和销售250多亿元的中国白酒大王五粮液合作，这是酒品类中最大公信力元素。黄金酒还采用国家品酒大师、白酒泰斗品尝"黄金酒"的评语"五种粮食、六味中药、古法酿造、开盖清香、入口柔和、饮之大补"直接作为广告语的一部分，增加产品的可信度。

今天的营销，讲求的是可信度，你的品牌、产品是什么不重要，重要的是要考虑消费者为什么要购买你的新产品。它得到了权威、专家的认同、推荐是你最好的营销战略，这是目前在"产品乱世"中突围，打造成功品牌的核心驱动因素。史玉柱将这一商业洞察精彩演绎。

人生秘方

贯穿整个史玉柱神话的线索，就是他的"史氏广告"，这些广告原则都是一些稀松平常的道理，但就是这些常识，缔造了中国营销天才的黄金帝国。他能把广告的神奇力量，娴熟而巧妙地应用到IT、保健品、网络游戏、保健酒上，甚至更宽泛的品类战略中。

广告策略真的很重要

企业界有这样一句大家所熟悉的名言："我知道我的广告费至少浪费了一半以上，但是我不知道究竟浪费在了哪里？"说的是因为广告投放的媒体不当或广告策略的失误而造成巨大资源浪费的问题。

《孙子兵法》曾经指出："夫未战而庙算胜者，得算多也；未战而庙算不胜者，得算少也。多算胜，少算不胜。"意思是说，只有在战前对决定战争胜负的各种条件进行充分的准备，做出正确的选择。才能在战争中避免失误而稳操胜券。同理，在商业竞争中，只有充分"庙算"才能克敌制胜，所向披靡。

那么，史玉硅是如何把钱都用在"刀刃"上，如何"庙算"的呢？

虽然史玉柱在广告方面投入的费用非常高，但是从投入和产出的比率来看，基本上没有浪费多少广告费。这是史玉柱值得骄傲的一个地方。

可是，很多企业在媒体策略上的浪费相当严重。

他们应该向史玉柱学学如何有效进行媒体组合。

假定一个消费者每天需要接受三次信息才能达成购买的欲望，那么我们应该选择哪几个媒体，在哪几个时间的节点上，去传达给消费者这些信息呢？史玉柱认为，我们应该选择消费者最容易接受的媒体和时间点。也就是说，我们要寻找这些时间点正好是消费者休息和最容易接受媒体信息传达的时段。如果这个时间点抓准了，那么我们用广告向消费者传达的信息就有可能达成；同时，如果我们向消费者传达的信息多了，或者少了，都不合理。比如说一个消费者观看平面媒体，在感觉阶段的时候，一个月接受三次就能起到作用了；而在认知阶段的时候，消费者一天只要接受一次，或者是三天接受一次就能达到目的了。因此，史玉柱时刻在思考怎么才能组合好各种媒体，让消费者能够更好地去接受他要传达的信息。

当产品本身还处在认知的阶段，但是我们却打了一个了解阶段的广告投放频率。这样的话，即使我们打了很长时间也不会见效，那么可能我们就会问：为什么消费者还不知道我们的产品呢？因为，我们知道浪费了，却不知道浪费在了哪里。这就是说，我们在媒体组合方面出现了失误，并没有把资源合理运用好。

其实，在传达信息的时候，对于各种媒体的选择，企业的很多市场人员基本都有一定的经验。大家都能够产生一个共识，即不同的媒体具有不同的特点和作用。比如说电视媒体，当我们一个新的产品出来之后，消费者可以通过电视屏幕看到产品的大小、形状和色彩等，这样的话就更容易从感性的方面上去接受，然后，消费者可以看到产品的包装和品牌的形象，也可以看到电视广告演绎的产品

和品牌理念。也就是说，一个全新的产品通过电视媒体就能传达很多信息；但是，一个新产品要通过报纸媒体来传达的话，效果就完全不一样了。报纸媒体和电视媒体的不同之处就在于，前者消费者可以仔细地、认真地阅读，而后者30秒的广告"唰"一下就过去了。

所以说，电视媒体有它的缺点，报纸媒体也有它的优点，两种媒体各有优劣之处。因此，我们必须要根据不同媒体的特点来选择传达不同的信息。

一般来说，如果要做一些理性产品的推广，像一些保健品、药品等广告的时候，企业一般会选择报纸等媒体，因为这种产品需要用文字等工具进行详细解读（史玉柱一开始推广保健品的时候就是这么做的）；如果理性产品选择广播媒体来做推广，广告语讲完之后，消费者的记忆效果就不是很好。因此，一个新的产品进入市场的时候，几乎不可能直接去用广播来达成信息的传递，当消费者对产品的基本信息都记不住的时候，品牌就更记不住了。

史玉柱说："三株确实很成功，我去三株学习过。"回想当年三株已经成为神话，就连农民的厕所上都刷上三株广告，广告的强度可见一斑。

脑白金的广告创意做了几百个，可他依然沿用了脑黄金旺季时使用的广告宣传模式："今年过节不收礼，收礼只收脑白金！"这个广告创意连续多年被广告业评"十差广告"之一，可颇具讽刺意味的是，"十佳广告"年年换，他们的广告主也大都排着队倒闭了，偏偏脑白金至今还长盛不衰。

人生秘方

奥格威说："每一个广告都应当是品牌形象的长期投资。"这句话包含了两层意思：其一，提到产品，就能使人想到其广告；见到或听到广告，就能使人想到其产品。品牌形象由此而确立。其二，广告所确立的品牌形象应是长期的，效应是久远的，给人的印象是深刻的。

广告要走实用路线

广告教父奥格威说过，从根本上讲，广告最终是为了更好地促进销售。史玉柱非常赞同奥格威的话："广告肯定是为了最终达成销售目的。"如奥格威和史玉柱所说，做广告的目的就是为了达成销售。如果我们不想销售，也绝对不会做广告。如果只是为了提升品牌，那提升品牌也是为了卖出更多的产品，从根本上还是为了销售。即使只是为了做品牌而做品牌广告，但肯定也会换来价值。

创意对广告能否给消费者留下深刻印象起着重要作用，但广告不是纯艺术，所以创意决不能只用艺术的标准评价，不要忽视消费者的眼光，评价创意的最终标准是市场。总而言之，消费者接受的才是好广告，否则就算是再华丽的创意也只能被当作是商界茶余饭后的闲谈。

因此，广告要走实用路线。

我们说广告是为了达成销售的目的，这样的广告通常是以理性的诉求做告知，那么怎样去兼顾品牌的长期性及品牌价值的积累呢？关于史玉柱对于品牌方面的理解，我们在后面的章节还要详细论述，这里不做深入探讨。

在史玉柱的观念中，广告就是为了提升销售量，所谓的品牌、形象等都是外在的东西。

广告是通过载体传达信息的，那么任何东西都可以成为载体，通过这些载体传达信息来达成销售目的。而且，史玉柱认为，只有在达成销售的过程中才能逐渐地累积品牌。如果你销售都做不成，那么你的品牌就等于零。而且只有销售增加了，有了利润，才能拿出利润去做广告。再者来说，如果你只积累品牌，产品卖不动，那积累出来的品牌又有什么价值呢？所以，广告、塑造品牌、销售，三者是相辅相成的关系，但只有销售才是企业所追求的终极目的，也是广告的最终目的。

所以，一个企业做广告，必须站在消费者的角度来考虑，要知道广告是做给消费者看的。消费者都是很"自私"的，他们只关心自己。如果你的产品和服务不能给消费者带来利益（不管是功能利益还是情感利益）的满足，他都不会购买你的产品。

2007 年，史玉柱在参加央视《赢在中国》节目担任评委点评的时候，曾经说过这样一段话，从中我们可尽得史玉柱广告思想的精华。

做企业的人很清楚，做广告是为了干什么的，是为了增加明天、明年，或者十年之后销售额的，但是真正广告公司理解的并不多，他定位在自己是广告专家，像这种广告套词往往会害企业，在判别一个好的广告的时候，很多厂商和广告商都容易犯一个错误，他喜欢表现企业自己，这就很糟糕了，更糟糕的是表现创作者。

"今年过节不收礼，收礼只收脑白金！""孝敬爸妈，脑白金！"在如今高密度的信息轰炸时代，很多人讨厌这个广告但却对其印象深刻。

从这个意义上讲，脑白金广告是成功的，"卖货才是硬道理"。虽然脑白金的广告得罪了广告界的同仁，但是史玉柱对此不予理会。

史玉柱说：脑白金的市场主要有两大块，一是功效市场，这个市场比较稳定，一年大概有 5 亿元左右的销售额；二是送礼市场，送礼市场的波动性非常大，这就需要一些策略。广告的最大目是让人印象深刻，我们曾经也拍了很多很漂亮的广告，但是播出后没效果，后来就不播了。脑白金历史上效果最好的广告是刚开始时拍的，当时钱非常少，所以拍出来的广告质量非常差，很难看，只能在县级台或市级台播，省一级的电视台都不让播。但是很奇怪，这个广告播出后没几天，脑白金的销售量就上去了，后来我们研究后得出的结论是：观众因为讨厌才印象深刻，脑白金 真正打开市场和这个广告密不可分。

脑白金的广告，最初是史玉柱花 5 万元请的两位话剧演员，用夸张的表情拍的。

不幸的是，这个广告被公司的同事认为严重影响品牌形象，因而，公司上下一致反对播出。在史玉柱的强烈坚持之下，这部广告片才得以与观众见面。没想到，这部被公司内部人员一致认为粗糙无比的广告的市场反应却是非常好。

为了提升产品档次，1999 年，脑白金请来了相声演员姜昆与大山拍广告，但谁知就是这个档次提高的广告却使脑白金销量一路下跌。无奈之下，只能再请回第一个广告，结果市场反应迅速，销售业绩一片大涨。

人生秘方

　　不管是什么产品，它都会打广告，看产品的好坏不能只看它的广告做的好不好，不管它在广告里说的怎么好，那都是不实际的，最主要的是要看它本身的实用性。

第八章

网游经济：打破常规，财源滚滚

　　纵观2005年，整个中国网游市场形成了较为稳定的市场格局。2005年国内网游市场可概括为三分天下：盛大(31%)、网易(31%)和第九城市(15%)。盛大、第九城市凭借其优秀的运营模式占据了市场的主导地位，网易、金山、腾讯也利用自身的平台优势获得了市场的广泛认同，其他的像TOM等企业也各施奇招在这块市场上获得了一定份额，留给像史玉柱这样的新进入者的空间实际上并不大。

我是 21 年的骨灰级玩家

常常听到一些人说，网游是孤独者和无聊者的游戏。史玉柱应该是寂寞的。他既不会打高尔夫，也不爱出国旅游，甚至很少健身。他基本没有朋友，也很少和外界接触。闲暇时，陪伴他的是历史书籍。

无聊的时候，就用网络游戏消解孤独。史玉柱每天都过着黑白颠倒的生活，原因就是他喜欢玩游戏。对于史玉柱而言，网游是逃避现实的另一个江湖，"在那里大家不分高低贵贱，没什么烦恼"。

巨人网络总裁刘伟说："以前史总是玩单机版的游戏，从前几年开始，他爱玩网络游戏了，他业余时间没有其他的爱好，就是打游戏。"

有意思的是，当时史玉柱申请注册的用户名就叫"收礼只收脑白金"。曾有一个这样的一个故事在业内流传：

深夜，史玉柱在玩《传奇世界》，在多次被人随便 PK 掉之后，他找到了本区级别最高的账号，对方是温州网吧老板。史玉柱立即吩咐温州分公司经理到网吧，付 3000 元，将这个 70 级的账号拿到手。尽管有了 70 级的账户，史玉柱依然无法所向披靡，他急得直接找陈天桥，陈天桥告诉他："装备更重要。"史玉柱立即花了一万元钱买了一套顶级装备。

"大家以为他是作弊，因为他光买武器就花了 5 万块钱，然后我们还说，傻吧，5 万块钱买虚拟的东西。"巨人集团副总裁程晨透露了史玉柱的这一细节。

"与其说他现在是老板，不如说他是我们的 CTO（首席测试官）。"巨人网络的副总裁汤敏向记者证实，"老史现在是彻底不管事了，他在公司干什么？他就打游戏，没日没夜地打游戏"。汤敏跟随史玉柱多年，即使是在史玉柱最困难的时候也不离不弃。在汤敏眼里，老板现在是巨人网络游戏的最骨灰级玩家。

有公开的消息说，几年前，史玉柱平均 1 个月在《传奇》上的开支超过 5 万元，在一个拥有极品装备的账号上先后共投入了几十万元。他每天要花四五个小时泡在网络游戏上。

2006 年，《征途》在上海瑞金宾馆召开上线新闻发布会，史玉柱站在台上向记者喊话，称自己是一个 20 多年的老玩家，"我懂游戏"。很多人听到这话都窃笑，包括一些征途的员工在内。

当被问到，做网游，是因为自己的爱好，还是出于盈利的目的？史玉柱很坦然地回答："我认为这两个都有。首先是爱好，我是个合格的玩家，我认为，这使我在网络游戏上犯错误的概率要小一些。另外，网络游戏又是网络产业里面最赚钱的。这两个原因同时决定了我进入这里面。"

人生秘方

一个真正的企业家，不会为条条框框所限制，但一定要从自己熟悉、能把握的地方入手，发挥自己的优势。

现在进入，我认为正是时候

史玉柱是骨灰级网游玩家，我们大家都知道。为什么要做网游，史玉柱说那是他的 IT 情结所致。

史玉柱玩过很多游戏，对于其中的不合理设置，他总是不解，为什么不能改进呢？特别是在玩陈天桥旗下的网络游戏《传奇》时，他总觉得有这样那样的不足和漏洞，所以最终决定自己设计一个，也算填补网络游戏彻头彻尾国产化的一个空白。

可是，史玉柱发现网络游戏的市场是"睡觉也能挣钱，流淌着奶和蜜"的行业时，网游的门槛已经不是那么好进了。

2005 年年初，一些感到自己无法在竞争中获得成功的企业开始尝试免费游戏，希望由此探索到求生盈利之路。从这样的手段中，我们多少是能看到中国网络游戏市场的残相的。而让人惊讶的是，史玉柱就是在这个节骨眼上宣布进入网络游戏市场的。

当时，得知《英雄年代》开发团队和盛大合作不愉快时，史玉柱的想法是："我找他们做一款网游，晚不晚？"

"三四年前就有人告诉我太晚了，现在还是有人这么说。"他嗤之以鼻。

大家纷纷议论。从他宣布进入网络游戏市场的 2005 年 11 月算起，即使用最快的速度策划、研发和测试，他的新网络游戏产品也必须等到 2006 年四五月份才能进入商业化运作。到时的网游市场是什么样子，谁能预测？

一位关心史玉柱进军网络游戏市场的产业观察人士曾在自己的博客中这样写道：到那个时候，中国网络游戏市场的情况究竟会怎么样，只有天知道。当然，这也是所有关注史玉柱或者说关注中国网络游戏市场走向的每一个人所担心的。

可是史玉柱不这么想。在做网游之前，史玉柱曾经找来专家咨询，也曾专门拜会一些行业的主管领导，目的就是弄清楚网络游戏市场究竟会不会萎缩？

最后的结论是，至少在 8 年或者更长的时间里，网络游戏的增长速度会保持在 30%以上。而在史玉柱看来，国人对娱乐的需求正日益增长，中国游戏玩家的比例相对也较低，增长潜力巨大。

因此，史玉柱断言：现在的网游市场肯定是一个朝阳产业。

在正式确定要进入网络游戏之后，秉着一贯的谨慎原则，史玉柱自问：如果失败，其原因有可能来自什么方面？一是产品，二是人员流失等。

在一问一答中，史玉柱罗列出来了十几个项目要点，也一一找到解决问题的方法。

后来，巨人网络的相关人员透露，早在《征途》研发的构思阶段，史玉柱就是项目组的"成员"了。挑毛病挑到现在，他对网络游戏的理解已经是半个专家。关于人才方面，史玉柱说，"我找到了中国最好的网游开发团队，所以对他们我是放手的"。

虽然钱和人都不缺，初做网游戏的史玉柱，知道自己无法全面同对手竞争，因此，他再次利用了他的营销法则法宝之一，"集中优势兵力"，制定了一个"聚集聚集再聚集"的策略。征途网络只做一款产品，只选择 MMORPG 类中的 2D 领域。

于是，带着必须的信念，史玉柱豪迈地踏上了网游"征途"。

人生秘方

做生意要盈利、要发展，还要提防时时存在的商业风险。眼光必须要放得长远，能准确把握入市之后可能产生的危机。要小心谨慎，因为商业上的风险一般都很难预测得到，谨慎入市，能够尽可能的避免危机。经过充分的市场调查后再做决定，选择对的时候进入对的行业，跟在别人的后面，不一定能吃到新鲜美味的果子。

网游是最赚钱的行业

如果你问什么事最赚钱的行业，相信很多人会告诉你网游是的最赚钱的行业，网易创始人丁磊曾说过："中国互联网最赚钱的有两个方向：一个是游戏，一个是广告。"

盛大总裁陈天桥更是曾经信誓旦旦地告诉公众："中国网游的规模还不够大。与游戏大国韩国相比，中国游戏产业还不到其十分之一。"这样大的一块蛋糕，自然会引来众多的人关注。

史玉柱在做网游之前，曾经找来专家咨询，并专门拜会一些行业的主管领导。史玉柱认为：

网游肯定是个朝阳产业，根据有关部门公布的数字，去年（2005年）的销售收入比上一年上升了50%，一个行业如果每年有15%的速度增长，它就是朝阳产业了，上升50%，（说明）这个行业目前还是处于爆炸性增长过程当中。

其实网游就像钱钟书笔下的《围城》一样，其"水"很深。否则，就不会有那么多"蠢蠢欲动"想投入而又不敢入者，那么多尝试过的人铩羽而归。

史玉柱在后来也称，网络游戏的市场是"睡觉也能挣钱、流淌着奶和蜜"的新机会。但是高收益自然有高风险。

史玉柱有钱，这点毋庸置疑；史玉柱肯花钱，这一点更无可辩驳。网游"新丁"史玉柱，凭着大胆、不顾一切投入的魄力和洞察能力，闯进了这个"流淌着奶和蜜"行业，要从网游这块诱人的蛋糕上面分一块。

史玉柱网游行业增长的背景进行了详细地分析，他说："我觉得网游这个行业在未来 10 年、8 年内，肯定还是属于一个高速成长的行业。这个主要是基于一个大背景，就是在中国人民的生活不断富裕之后，人们对娱乐的追求必然在增加，再加上中国人口基数又很大，目前中国网络游戏的玩家占社会总人群的比重在全球还是属于非常低的，而生活水平增长又是最快的。所以，基于这样的大背景，在未来的很多年都会高速增长。"

史玉柱认为，网络游戏目前在互联网业的盈利水平最高，又是政府大力倡导发展的产业。作为一个投资人，追逐利润是天性。这样一来，就自然而然地有了《征途》。另外，产品的生命周期也是史玉柱必须要考虑到的。他说：

我下海差不多 18 年了，18 年里我有将近 10 年一直在琢磨一个事，就是产品生命周期的问题。产品生命周期是我过去 10 年里所有问题里考虑最多的一个。

同样地，网络游戏，我进入这个行业首先关注的就是生命周期的问题，会不会哪一天就完了，当想明白的时候才开始做，所以人家问可以做多少年，我说做 10 年没有问题。

不断研究过了以后，我突然发现，网络游戏实际上跟保健品行业还不一样，网络游戏是很长寿的，生命周期是很长的，凡是在线人数能够撑过一年的游戏，你看一下现在一个都没有死掉，像《传奇》已经 6 年了，现在每个月还在创造 1 亿多元的销售收入，至少还没有下跌，在这样的情况下，它还可以保持这样的势头。

中国网游历史上，只要（玩家）过 40 万元，而且 1 年之内没有掉下来的，就没有死的迹象，就没有衰退的迹象。所以我建议陈天桥应该教育教育华尔街的投资分析家们，他们为什么给中国网游企业这么低的信誉，原因是他们认为网游产品做不长，应该教育教育他们，应该改变他们的观念。我感觉网游产品的生命周期是众多行业里相当长的一个，属于老寿星级的。

在投身网游的时候、史玉柱也看到了未来的风险。他说道：当然（网游）在增长过程当中它会有一个时间成长得快、有一个时间成长得慢，

其至不排除某一个事件、某一个政策的出台让这个行业暂时性地小幅回落，这个都是有可能的，但是大的趋势肯定是这个行业欣欣向荣，是一个朝阳产业，而且是属于高速成长的行业。

"我也 40 多岁的人了，该为自己找个归宿了，"史玉柱说，"我下半辈子的归宿就是网络游戏。"

人生秘方

投资不能盲目，考虑全面后再行动，可以避免许多突发性问题的出现。

成功源于自主研发

盛大网络公司董事长陈天桥曾说过："假如问我对同行有什么建议，我会说你应该自主研发，这种模式真的很赚钱。"

也许是因为史玉柱这个网游后来者已经看到，以代理为主要方向的网络游戏企业存在着许多先天不足和不稳定因素。也许通过其他一些走原创道路崛起的网游企业的发展状况，也预见到走原创道路才是未来网游的发展方向。所以，从保健品行业转投到网游行业之后，征途公司一出山，就打出了走自主研发、振兴民族网络游戏的大旗。史玉柱坚持走不同于传统网游发展的道路：

第一个为免费运营设计的游戏；第一个在游戏中加入"股票系统"、"宠物代练系统"；第一个把休闲小游戏引入心心 ORPG。"征途模式"是中国网游发展的分水岭，为网游发展提供了一条全新方向和全新思路。史玉柱表示：

《征途》是我们自主研发的。有自己的知识产权。

《征途》5 年之内没有问题，就是保证 5~8 年问题也不大，这个要靠什么？靠我的持续研发。只要你好玩，只要你不断有新的东西出来，它们的生命周期不会短。《传奇》现在也 6 年了，它里面人气还是挺旺的。

而后来，而谈起做网游成功的秘诀，史玉柱说，我们的成功源于精品战略和研发实力。我们专注研发有限数量的游戏，对《征途》在线的持续修改和完善，使这款产品的收入保持了持续增长。

一般情况下，由于资金缺乏，国内专注网络游戏的企业自主研发的能力非常弱小。并且大多规模较小，缺乏核心竞争力。

因而，国内的网络游戏企业大多只能集中在代理、运营、销售等环节，抵御国外游戏企业侵蚀的能力弱。

任何产业只要处于中下游，进入门槛低，参与者就会很多，同质化竞争非常严重。企业利润也会因此下降。因而，如何开发适合中国玩家口味，符合中国文化的自主游戏产品显得非常重要。

在"中国民族网络游戏出版工程"实施后，国家对动漫游戏产业的扶持力度不断加强，这也使一些企业看到了希望。

网易总裁丁磊表示："网络游戏是网易从头到尾都坚持的，现在公司大部分的资源都投入到相关的技术研发当中。"

盛大董事长陈天桥也曾在 2007 年的一次发言中指出："目前，网络游戏产业以年均 30% 的速度在增长，其中拥有自主知识产权的游戏收入已经占到了总收入的一半以上，网易、金山、巨人、完美时空等游戏开发公司已经形成了一个自主研发的企业群。"

在这些网游行业的前辈面前，史玉柱在研发方面自然不敢懈怠。2007 年 1 月，史玉柱做客新浪网，他说："我们现在的研发计划是 5 年，我们制订一个 5 年的研发计划，这 5 年我们每 3 到 5 个月就推一个大型资料片，我们下一周就有一个大型资料片出来，这个资料片完全是另外一种全新的玩法，我们这个游戏里面内容会越来越多，我们现在已经有好几百种游戏元素在里面了。现在我们自己都觉得，也有人那么评论，说已经是百科全书式了。别人有的你也有，然后我们还有很多自己的创新，再过 5 年我们肯定是越来越好玩。"

人生秘方

　　精品战略和研发实力不是所有的企业都能做到的，有自己的知识产权，才能更好地发展。

把 2D 游戏做到极致

　　2005 年 4 月 8 日，《征途》在上海第一高楼金茂大厦举行新闻发布会，为进行公测的 2D 网游《征途》高调造势。

　　2005 年 9 月，《征途》完成开发。

　　超级庞大的游戏世界、高精度的游戏画面、史无前例的万人国战场面和 800 多项功能，都是《征途》的骄傲。从史玉柱在《征途》上不惜血本的投入，我们可以看出他要做好这个游戏的决心和信心。

　　史玉柱表示，自己的目标就是要做一款"2D 的关门游戏"，"反正不是关我们自己的门就是关别人的门，让别人从此以后不再敢做 2D 游戏。"

　　有位学者说过一句很精辟的话："避开竞争就是最好的竞争。"史玉柱说：

　　《征途》现在的实力当然没法和日、韩竞争，但是我们选的是他们的薄弱环节——2D 的写真网游。现在看来，3D 游戏并非网络游戏的主流，70%～75% 的网游是 2D 的。

　　因为清楚自己还无法全面同对手竞争，因此，史玉柱制定了一个"聚焦聚焦再聚焦"的策略。征途网络只做一款产品，只选择了 ORPG 类中的 2D 领域。

　　最初史玉柱声称要做"2D 游戏的关门之作"，从后来的结果来看，史玉柱的聚焦策略取得了一定程度上的成功，《征途》的在线人数已经领先于直接竞争对手。

　　许多人认为，大众的注意力都放在 3D 游戏的时候，史玉柱却还投入巨资去研发2D游戏，这一举动实在是让人无法理解。

说起为什么，史玉柱笑了："你们自己去看看，在中国是2D游戏赚钱还是3D游戏赚钱？时尚不一定就真能赚钱，而守旧怕什么？中国人喜欢的就是2D。"这就是商人的逻辑。史玉柱是在对市场有了精确的把握后才决定进军2D游戏的，对此他分析说：

在一个市场没有达到充分竞争之前往往是研发推动市场。以前是研发出什么产品了，那市场上就有什么产品，到了市场充分竞争阶段，它们的关系出现了反转，应该是市场在推动研发，或者是市场在拉动研发。我想现在已经进入了市场拉动研发的阶段。

我们研究后发现，中国网游用户的金字塔（的基底）其实更大，有70%的玩家是在小城市和农村。我曾经直接进到网吧里和玩家聊天，有个玩家是安徽利兴县一个乡里的农民，他告诉我，他们那里农闲时间几十个农民在网吧里打游戏是常事。换个数字说，有的省农民一年60%的时间处于失业状态，现在通常的乡镇都有网吧，对这些有大把时间的玩家来说，"代练"甚至可以成为他们很好的打工收入。

史玉柱说，面对目前以最火爆的《魔兽世界》为代表的3D游戏的冲击，我认为2D、3D各有特长。

3D特长在细腻，而2D的特长在画面，正是我们几十个人的团队，用一年多时间制作出来的。

3D游戏并非网络游戏的主流，70%~75%的网游是2D的。与3D游戏相比，2D游戏所代表的是更为广大的玩家群，特别包括电脑配置不是那么高级的二三线城市、县级用户，而用户基础广大也是盛大《传奇》和网易《大话西游》成功的重要因素。

人生秘方

　　避开激烈的竞争，找准切入点，拿出要做就做第一的劲头去做一件事。

人一多，就能赚大钱

众说周知对大型网络游戏来说，是玩家跟玩家之间的战斗，因此玩家人数对整个游戏有着至关重要的因素，甚至会关系这款游戏的生死存亡。

有行业观察者发现，同时在线玩家超过 40 万人并保持一年的游戏，都不容易死。与此同时，每年市场上新出的游戏层出不穷，而玩家数量的增长却有限。持续抢夺玩家似乎成了业界的不二法则，为此，史玉柱感叹道："吸引玩家试玩已经成为行业拼杀最为惨烈的环节。"

因此，史玉柱要赚有钱人的钱。对没钱的人，史玉柱免费，靠免费吸引他们来捧个人场，有了人气，史玉柱才能更好地赚有钱人的钱。

史玉柱认为《征途》能赢利的根本原因就是人气："人气是互联网的关键因素。""让穷学生和亿万富翁，在点卡面前，一律平等，这是不对的，不符合营销规律。"

《征途》的免费模式，就是在让 70% 的玩家不花一分钱的同时，刺激高收人群消费。对于这种模式，史玉柱表示：

我一直在努力创造网络世界的平等，否则不可能 350 万人的玩家里有 280 万人是非人民币玩家，可以在游戏里一点儿不消费还能玩得不亦乐乎。我认为在平衡人民币玩家与非人民币玩家方面我是做得最好的，连同行都在学我们，但外界居然认为这是我做得最差的一点。

史玉柱说："因为像新浪、网易、1999 年尚未盈利而处于低谷时，我当时就晓得，只要熬过来，还是很有前途。因为他们吸引的用户多，人一多，就能赚大钱。不管是玩，还是靠广告收入。门户网站就是这道理，网游的平台也是这个道德。"

有人批评我们的游戏没有"特色"，但我觉得我们游戏的定位就是功能多，大而全。其中涵盖了 15 大职业。我觉得在线见面的玩家越多越好，而《征途》的服务器架构能令每区容纳 4 万玩家同时在线，一般网游每区只能容纳 300-500 人。各个玩家的需求其实也各不相同：有的喜欢 PK 打怪；女孩子喜欢养宠物；有人喜欢炫耀知识，喜欢答题，这部分人同样可以通过答题来升级。

到现在，《征途》的所有用户当中，有83%的用户都是免费的，真正收费的用户只有17%。史玉柱认为，免费用户很重要，可以为自己带来人气，而收费用户在代练以及装备交易方面的市场潜力远大于普通的点卡计时收费市场。史玉柱说，人气越旺就越能吸引那些花钱的玩家。我们会拿出总收入的20%用来补贴玩家。

所以，在2006年9月《征途》正式版本推出后，每月17日成为"60级以上玩家的工资发放日，征途网络每月会拿出1500万～2000万的收入，以充值的形式来发放"工资"。

史玉柱说，从现在开始，他要给每个《征途》玩家发50元钱的"工资"，让他们参与到游戏中来。他表示，征途就是希望能通过这种营销手段吸引玩家。

从2006年9月1日发"工资"开始，《征途》同时在线突破45万人，足以说明玩家对这一模式的认同，这也达到了史玉柱吸引人气的目的。

向玩家发工资，并不是史玉柱的首创。但是史玉柱却应用得很好。早在2005年，搜狐CEO张朝阳就曾说过，搜狐的新游戏《刀剑online》在公测以后，玩家完成一定任务就可以参加抽奖，完成最高任务的玩家，能参与"10万元年薪"的抽奖，将可能获得在搜狐公司担任"游戏顾问"一职的机会，还将有50人成为兼职的地方特使。

除搜狐外，《天骄》等网络游戏的运营商也认识到了玩家的重要性。他们此前也曾尝试以招聘兼职玩家并付给酬劳的方式来吸引人气，增加游戏的黏度。

另外，《征途》在装备上设置了极其烦琐的升级系统，且升级如果失败，原先的装备就消失了，玩家又得从头再来，越高级的装备升级时失败的几率就越大。如此计算下来，一套顶级装备做完，几万元人民币就白白送给《征途》。

人生秘方

　　经常可以看到，许多商场、超市会利用各种节日或是周年、庆典之类的事件大搞促销活动，商场里人山人海的场景引得许多过路之人也来凑热闹，原本并没有购物计划，也很可能会买上一些商品而归。同样，人气是互联网的关键因素。人多了，自然好赚钱，这个道理放在别的行业，同样适用。

中国游戏更适合中国玩家

　　2005 年 4 月 8 日，这是一个特殊的日子。一向极少在公众场合露脸的史玉柱包下上海金茂大厦 2 层的嘉宾大厅在这里举行新闻发布会，为即将进入公测的 2D 网游《征途》大做宣传。发布会上面对各路记者和玩家的提问，史玉柱回答的巧妙而狂妄。

　　《家用电脑与游戏记者》：为什么《征途》能在 400 多款国内游戏里脱颖而出？

　　史玉柱：因为所有游戏好的功能《征途》都有，而且我们还有自己的独创。

　　一位玩家：欧美大作和征途是不是有差距？

　　史玉柱：中国游戏更适合中国玩家，因为我们弘扬的是中国文化，游戏中加入了儒家、法家、墨家、道家、兵家等源远流长的文化思想。而且作为原创力量，我们肯定比欧美的研发人员更知道中国玩家的需求。

　　某商报记者：保健品和网游这两个行业是相通的吗？

　　史玉柱：这是两个完全不同的行业，不过有一点是相通的，那就是要有好的产品、好的团队，还要有好的推广方案。

　　在谈到《征途》游戏的内容时，史玉柱说：我们发现中国历史上争斗最激烈的时刻就是改朝换代，中央控制力（被）削弱，所以我们这款游戏一上来，背景就是老皇帝驾崩，太子被杀，诸侯群起。

　　看来，这一次进军网游，史玉柱打的是"中国牌"。史玉柱曾认为，那些代理国外游戏的公司基本不是他的对手。

对于竞争对手——第九城市依靠代理《魔兽世界》发家，史玉柱表示：我看不上它。靠暴雪的牌子，短时间内就达到一个较高的人气。《魔兽世界》编得实在是好，3D里面5年之内出不了能超过它的，但它的致命伤在文化上。举例来说，中国人怕死人，外国人不怕尸体，中国人难以接受去扮演一个亡灵。它也就是这个规模，上不去了。

在史玉柱看来，中国的儒家文化应该很好地发扬到游戏当中，他说：就中国来说，还是应该多发展民族的原创网络游戏。现在市场上推行高资费标准的基本上是境外的网络游戏。其实它们才是给玩家造成很重的经济负担。而且还有一点，这些境外的网络游戏全都是在宣扬西方价值观、人生观。说轻一点，是对玩家思想造成不好的影响，说重一点，那就是一种变相的文化侵略。我觉得这才是目前国内网络游戏市场中存在的很大一个问题，应该真正引起大家重视。

不要以为我是为了推销自己的东西才说这些，如果大家有心，去那些所谓的欧美大作里面看看，看看是不是宣扬的西方那一套东西。这些代理过来的境外网络不但收费高得离谱，而且基本上都是血腥和暴力内容，没有一点控制。所以我历来坚持这样的观点，中国的网络游戏就应该宣传中国自己好的东西，宣传中国的传统文化。比如儒家的爱国家爱人民的仁爱思想，墨家的"兼爱""非攻"的侠义思想，这些才应该成为中国网络游戏的文化底蕴。

也就是因为史玉柱的坚决打"中国牌"，续《征途》之后的第二款网络游戏《巨人》，则是更是将民族精神发扬光大。

虽然对自己的"走中国特色"路线很是自豪，后来史玉柱仍然意识到自己当初对国外游戏低估的判断是错误的，所以他在2006年接受采访时说道：

目前国内95%网游企业不具备与国外游戏抗衡的能力。两个方面，一个是理念；一个是资金。国内游戏商普遍缺乏大制作的理念。很多人并不认同我关于网络进入大制作时代的说法，但如果管理部门敞开审批，进口大作迅速进入，国产原创一定会很快丢掉市场。

我过去曾说过不怕进口游戏，那是我不了解情况，而且那时我所说的进口游戏主要是指占国内市场主流的韩国游戏。但现在不同了，欧美游戏就在家门口等着，他们的水平远非韩国游戏可比。

国产原创唯一的优势就是对民族文化的理解，可以在游戏中加入中华文明的内容，除了这点，国产原创游戏与欧美游戏相比差距太大，完全不是对手。你们想想，光一款《魔兽》就把中国市场冲得稀里哗啦了，再来几个《魔兽》甚至比《魔兽》更厉害的游戏，国产游戏哪里还会有立足之地？

人生秘方

在商战中，再强大的企业都有它自己的薄弱环节。要明确对方的弱点，抓住对方的薄弱环节，同时坚持发扬自己的优点，以自己特有的优点战胜对方的弱点。

女性玩家也需要网络游戏

史玉柱一向认为，人气是互联网的关键因素。而网游戏平台，人一多，就能赚大钱。

在吸引人气上，史玉柱这个营销天才比其他网游公司更技高一筹。2008年3月8日，在大型现代战争题材网络游戏《巨人》公测新闻发布会上，史玉柱表示，要把它打造成为中国最便宜、美女玩家最多的网络游戏。于是，史玉柱的网游又有了"美人计"。

通过研究，史玉柱发现，中国网游一个致命的缺点，是男女玩家比例为8：2，严重失调。所以，史玉柱决定《巨人》在玩法上将更多地照顾女性玩家。如果能吸引到众多的女性玩家，这一款游戏的人气自然就会大大提升。

于是，史玉柱推出的《巨人》别出心裁地利用了两个手段吸引大量美女玩家进驻。

"第一个手段"：在玩法上给予女性角色更多照顾，让女性玩家在游戏中的作用更大，让男性玩家把女性玩家当宝贝。

史玉柱解释说，我们往往不是在基本属性及攻击性方面有照顾，实际上我们给予了特殊手段，女性玩家有更多的特殊手段，男性玩家对女性玩家有依赖。如果做任务找女性玩家做有更多的经验，给予更多的照顾。女性玩家在里面是很受欢迎的。

再一个女性玩家有一个特点，有的女性玩家特别喜欢 PK，但是多数女性玩家不喜欢 PK，喜欢休闲的。我们游戏里面不光是打斗升级，还有跳舞升级、钓鱼升级，再不行游泳也可以升级，俄罗斯方块也可以升级。在这些方面我们做了重大的改进，就是在休闲中升级。女性玩家喜欢的玩法能够让她在不知不觉玩的过程中升级，而且升级的速度一点也不慢，我们负责这一块的策划就是找的女性主策划。这一块目前来看还是非常好的。

我再举一个例子，当你跟男性玩家打架，你打不过他，或者他装备比你好，你可以选择我不跟你打，咱们跳舞，女性玩家跳舞比男性玩家跳舞厉害，你赢了他马上就倒在地上了。从这些方面给女性玩家以相当的照顾。我在游戏里面感觉女性玩家都是很有优势的。

"第二个手段"：给美女玩家送出高额充值。方法是：每月 500 元，连续一年，总额 6000 元。女性玩家持本人身份证前往巨人网络在全国的办事处进行认证，一旦确认为"美女"，即可获得充值。

史玉柱表示，"美女"的标准必须符合八个字：五官端正，身材匀称。

史玉柱认为，网游中女性玩家之所以不多，是因为像《巨人》这样照顾女性玩家的厂商太少，包括我们过去也不照顾，你看《征途》里面一半以上的男性玩家是终身光棍。很想结婚，但是终身光棍。我希望我开个头来解决这个问题，《巨人》是一次大规模的开头，让网上社会更和谐，增加女性玩家。

再一个像《劲舞团》女性玩家更多，那个游戏是韩国开发的，是休闲类的，是跳舞的，比较适合女性玩家。因为那里面女性玩家铺天盖地，里面非常地多。只要你游戏内容是满足女性玩家需求的，只要在机制上照顾女性玩家，我相信女性玩家和男性玩家没有任何区别，女性玩家也需要网络游戏的。

史玉柱采用美人计做营销手法，在第一时间获得极大反响，吸纳了更多美女到游戏中来，使这些美女带动更多男性玩家参与游戏。借助于美女的宣传，其产生的价值将远远超过付出的。因此，当时有人评论说，为了吸引玩家，史玉柱不惜抛出"色诱"。

此前一直追踪报道史玉柱及巨人网络的顾建兵，在进入巨人网络工作后，也对新老板的营销宣传手段颇感吃惊。他说，在上班一个多月后，公司搞了一个"评选游戏妹妹"的网络活动策划。当时，顾建兵与同事商量，头奖获得者奖品为一台苹果牌电脑。当他把这个策划告诉史玉柱后，没想到史玉柱反问他："你们觉得一等奖改成新款的宝马 MINI 车如何？或者有没有什么更贵的适合年轻女性的车?"看得出，史玉柱为了吸引更多的"美女"玩家，也是不惜投资的。

人生秘方

　　取得成功的人，都必须寻找他们想要的机会，如果找不到，他们就必须创造机会。商场如战场，想要胜过竞争者，就应该善于挖掘新盈利点，迅速出击，先下手者先得益。

上市不是为了圈钱

1992 年，一家知名媒体对北京、上海、广州等 10 大城市的万名青年进行了一次问卷调查，其中一个问题是：写出你最崇拜的青年人物。

第一名，比尔·盖茨。第二名，史玉柱。

当时的史玉柱，可能是全中国 30 岁以下青年中最著名的一个。这位身高 1.80 米，体重不足 60 公斤的文弱青年在 20 世纪 90 年代初的深圳迅速成长。但是，不久又轰然倒下，穷得整个公司只有一部手机可用。

现如今，《征途》在他的带领下，奇迹般地在高手如云的中国网络游戏市场站稳了脚跟，并且凭借"不走寻常路"的史玉柱经营模式，一举进入中国网游三大巨头的行列。

众人瞩目的史玉柱又一次语出惊人："征途要上市，不仅要上市，而且要在美国主板市场上市。"

"我下半辈子只想做一件事，那就是做好网络游戏，做好《征途》，这是我一生剩下的唯一心愿。公司上市了，我就必须少睡觉，不休假，玩命干，把公司做大做强。"

我们不缺钱，上市也不是为了圈钱，现在我民生银行、华夏银行的股票账面还有 50 亿元盈余。手头阔绰的史玉柱称财富对于自己已经只是纸上的数字，上市更多是为了证明征途的成功。

目前中国网络游戏公司上市企业已经有 5 家。其中包括盛大、九城、久游、完美时空，以及刚刚在中国香港联交所主板上市的金山。而这些公司主要都是集中在美国纳斯达克创业板和中国香港股市。征途赴纽交所上市，将创造中国网络游戏公司在美国主板市场上市的先例。

史玉柱豪气冲天，众媒体拭目以待，而征途的玩家们则翘首以盼。

有个玩家这样评论史玉柱的雄心："作为国内自主研发的游戏，征途无论是游戏画面，还是从内容来说都还是不错的，要不怎么有 100 万人同时在线的人数纪录。服务呢，我个人觉得可以给 80 分吧，游戏从内测到现在还不到 3 年功夫，老史确实有一套，我看好征途，看好老史。"

很快，史玉柱开始为"征途"美国上市铺路了，他先在海外注册了个巨人网络公司，虽然只是个空壳，但已经开始全力转接征途网络业务了。

巨人网络在纽约交易所上市当日，那些对此消息颇为兴奋的记者，在翻译成中文的新闻稿中写道："与以往几家登陆美国资本市场的中国概念股相比，史玉柱并没有选择纳斯达克市场，而是选择了素以上市条件最严格著称的纽约证券交易所。如若成功上市，巨人网络有望成为第一家登陆该所的中国 IT 类公司。"

著名的 IT 评论人士、Donews 制作人刘韧显然也不能抑制自己内心的激动。此前，他在史玉柱为他的《征途》网络游戏造势的间隙，采访了史玉柱，并写了一组关于史玉柱的文章，他当天博客文章的标题变成了《贷款买史玉柱股票》。

对于巨人网络在 2007 年 1~6 月的经营业绩，刘韧说："这是自主研发、自主知识产权的结果；这是精品路线的结果。"他还举例说："2007 年 7 月 26 日，完美时空在纳斯达克上市。2007 年整个第一季度，完美时空利润只有 4000 万元人民币，但完美时空开盘价是 175 美元，现在的股价是 3229 美元。"不仅如此，完美时空上市当天涨了 30%。他不知道巨人网络上市会怎样涨？是该用开盘价买？还是等它冲高回落后买？这个问题只有上帝能算得准。

为了买到史玉柱的股票，刘韧已经决定："11 月 1 日不睡了。"

"人民币升值因素，每年会使巨人网络的利润增加 5 个百分点。利润增加 5 个百分点。股价可能不止增加 5 个百分点。所以，买中国概念股票，已经在股价中得到了人民币升值的好处。并不怕人民币升值。"刘韧如是说。

不久，网络上、报纸上竞相出现了《史玉柱传奇》之类的标题。一个自称是"中国最著名的失败者"的形象开始回到十多年前，当时他被当成优秀的创业者被讴歌。

人生秘方

人要有超前的目光。对于一个商人来说，钱是赚不完的，不要成为金钱的奴隶。事业做到一定程度时，更要把眼光放得远些。

第九章

网游模式：赚有钱人的钱

　　老游戏规则的商业模式核心是按点卡收费，即网络游戏公司按玩家的游戏时间收取相应的费用。以盛大为首的网游公司收入模式是玩家为获得在线游戏时间而付费，公司的增收秘诀就是想方设法延长玩家在线时间。玩家在游戏中的等级取决于在网上"耗"的时间长短，连续十几个小时打游戏是家常便饭，社会各界对"上瘾"的非议多半由此而生。

网游就是赚有钱人的钱

在中国的网络游戏行业内有一个神话，史玉柱带领他的《征途》创造了一个奇迹：这款游戏打破先河在内测期间即宣告盈利，2007年第一季度收入已经超越了经营3D网游《魔兽世界》的第九城市，以4.8亿元人民币的营业收入和15.6%的市场份额冲进国内网游前三位，仅次于传统网游业巨头盛大和网易。

史玉柱做网络游戏，所有人都很关心，就在《征途》如火如荼地进行当中，人们不禁产生疑问？史玉柱到底打算怎么做，也像做保健品一样吗？

史玉柱的回答是："二者关系不大，但也有共通之处，比如都需要好的产品、好的团队、好的口碑和好的营销方案。"

脑白金式的营销会不会克隆到《征途》的市场推广上，史玉柱并没有否认。

史玉柱肯定的是，只要有必要，就会往里面砸钱。"我们持有的银行股票市值就有22亿元。"

很多著名的营销案例都说明了一个真理：只有认识市场，才能掌握市场。

史玉柱曾说：收费模式最严重的问题，就是不按消费水平营销，无论是穷学生还是亿万富翁，游戏消费都是一样的——这在营销上是最忌讳的。

史玉柱是一个市场营销的高手。他曾有一句著名的话：谁消费我的产品，我就要把他研究透。一天不研究透，我就痛苦一天。

自然，他是对网游玩家群体进行过的深入地分析的，深谙谁才是网游玩家中的消费者，并深刻理解这群玩家的心理。

史玉柱知道，当今的中国网络游戏玩家，只有两种人：

一种是有钱人，他们有钱到花几万元人民币买一套虚拟装备可以连眼睛都不眨，为了充分体验顶级装备给自己带来的杀戮快感，他们可以一掷千金而面不改色。

另一种是金钱并不充裕的玩家，但他们每天有很多的空闲时间不知如何挥霍，有的甚至还希望通过网络游戏去挣钱。

所以，《征途》的定位就是那些有钱的玩家，因此在游戏设计上也明显偏向有钱一族，只要花钱多就能获得更好的游戏体验。

史玉柱想的是："中国大量有钱的老板如果玩游戏，他们在什么情况下会大量地花钱，然后以这个目标来设计游戏。"

对于《征途》的盈利方式，征途是赚有钱人的钱，对消费能力低的玩家实行免费。可能在这款游戏中，有一半的人不花钱，但他们同样起到关键作用，因为玩游戏的人多了，才能让有钱的玩家更愿意出钱。

比如，据调查有的玩家，每月都要拿出 2 万元买装备的钱发给手下的"兄弟"，史玉柱就要给这种有钱人花钱得到服务的机会。

至于为数众多的其他玩家都属于龙套角色或群众演员，他们存在的目的就是让有钱的玩家觉得花的钱更加物有所值。按照史玉柱的话来说就是"养 100 个人陪 1 个人玩"。

《征途》运营数据显示，3% 的用户为其贡献了 70% 的利润。"有 86% 的用户是从来不消费的。"

人生秘方

想要在一个较大的地区站得稳稳当当，首先需要的就是实力，实力才是一个企业立足的基础和关键。打下江山，从而在这个地区占据主要的优势。

不要怀疑我们的持续烧钱能力

有人做过这样的比喻：互联网是钱砸出来的，而网络游戏则是钱烧出来的。我们不得不认同，网游是一个高投放，高利润的行业，但同时它也是一个高风险的行业。

网游数年前那段激情燃烧的岁月早已经一去不返。网易、盛大、第九城市迅速崛起壮大，整个行业带来了一道可望而不可即的高门槛。在丰厚利润的诱惑下，争相涉足网络游戏的商人中，成功者屈指可数。

通过比较史玉柱发现，国内投资在 2000 万元以下的小游戏很多都死了，而投资在 2000 万元之上的，大都能生存下去。所以，史玉柱奉行了这样一个原则：游戏就是钱养出来的。

于是，自 2004 年成立征途公司以来，"《征途》已经在研发上花掉了 4000 万元人民币，如果开始公测，增添各类硬件设施将是一笔很大的钱，要上亿"。

史玉柱说出的一个个具体的数字，让人们相信他自己对这笔投资是毫不犹豫、毫不吝啬的。他说："我们请最好的人，仅就美工而言，我们有几十名国内最好的游戏美工，他们的收入是同行的几倍。"史玉柱称："研发的钱，主要就花在人身上。"

说到《征途》游戏的画面，史玉柱这样介绍：

正是我们几十个人的团队，用一年多时间制作起来的。音效也是特别从好莱坞音效库里购买的，不得不说好莱坞在音效方面还是处于绝对领先水平——不管是马蹄踏在沼泽里还是踏在石头上，包括马蹄上水珠从上往下滴的声音，都制作得十分逼真。

史玉柱信心十足地强调说："不要怀疑我们持续烧钱的能力。"

史玉柱毫不讳言公司的资产情况："我们刚刚在征途公司捅了一次增资扩股，凡是研发花的钱，就用股本的方式投入。而宣传、购买固定资产的钱，就用借款方式。"

"我准备了很多钱，在行业内，我们的资本充足率排第二。"

"与香港四通控股的交易，我们得到 6 亿元现金，6 亿元债券。我们手里还有 14~15 亿元民生银行、华夏银行的股票，这也是可以变现资产，不变现，每年也有 1 亿多元收益。""在香港还有一些股票，中海集运投了 2 亿元，小赚几千万元。""总共准备了 2 亿元美金，估计 6~8 亿元人民币就够了。盛大总裁唐骏说做网游的门槛是 1 亿元人民币，我的门槛是 1 亿美金。"

得意洋洋的史玉柱还补充到："你看，几乎所有的项目都是在产出。这是因为我有一个原则：所有项目只能有一个是吃钱的。"

人生秘方

想要收获就必须有相应的付出。经商也是如此。网游是一个赚钱的行业，但也需要大笔的投入。经营者非凡的智慧、勇气、雄厚的资金支持都是获胜的必要条件之一。

赚外挂、代练者的钱

世界首富比尔·盖茨说过这样一句话：他的企业离破产永远只有十七个月。发展战略顾问的工作就是要使这"十七个月"永远地延续下去，而不能让它变成十六个月、十五个月、十四个月……要让那"十七个月"永远地延续下去，这是一方面；准确捕捉商机，扩大利润增长点是另一个重要方面。

开发网络游戏，营销高手史玉柱依然耐心地躲在幕后，孜孜不倦地研究着他的消费者。通过研究，史玉柱把中国的玩家分为两种：

一种玩家是喜欢整天泡在网上，有大把时间投入练级的"骨灰级"游戏爱好者；另一种是"好孩子"白领，要工作，没有那么多时间练到很高级别，但是有较强的消费能力。

这两部分人在需求上有互补性，不仅形成了网游"代练"、装备交易市场，也将成为日后《征途》的盈利增长点。

因此，史玉柱认为从明年（2007 年）开始，免费游戏将成为主流。预计每年游戏开发运营公司的收入不过 30 多亿元人民币，而卖游戏"外挂""代练"的收入就有 50 亿～100 亿元，装备的买卖市场有 90 亿～100 亿元的规模。现在我们要赚的就是后两部分市场的钱。

史玉柱说，"我要赚的就是原来外挂、代练者的钱"，这也就意味着史玉柱要和外挂、代练者抢夺市场了。

外挂，英文为"hacktools"，又叫"cheatingprogram"，它指的是某些人利用自己的电脑技术专门针对一个或多个网络游戏，通过改变网络游戏软件的部分程序，制作而成的作弊程序。用户利用外挂这种作弊手段，可以轻易得到其他正常用户无法得到或必须通过长期运行程序才能得到的游戏效果。

"代练"是一个网游用语，也就是"代人练级"的缩写。因为在网络游戏中是有级别的，级别高了，就可以得到更好的装备，进入更大的区域，在游戏的虚拟社会中变得更有地位。现实生活中，有些人要上班，并没有很多时间玩游戏。但问题是，如果你不玩了，而别人在玩，别人的级别高了，你的级别也就相对低了。玩游戏的人通常都有争强好胜的心，所以，"代练"这一职业就应运而生了。

免费网络游戏的核心。就是游戏道具交易，而游戏道具的核心消费群体是那些"有钱没时间"的玩家。他们希望用自己在金钱上的优势获取更好的游戏体验。在《征途》之前，这部分钱被外挂、代练者轻易地装进了自己的口袋。史玉柱他自己也是个游戏迷，所以十分清楚这部分人的需求。

于是，在《征途》中，游戏者可以购买一些增值服务，从而获得高级体验。《征途》所设置的增值服务可以最大限度地释放出这部分人的消费能力。从而达到赢利的目的。牢牢吸引了那些想使用人民币加快游戏进度、获得更多特权的"人民币玩家"。作为玩家的经验和感受，史玉柱觉得卖装备比"外挂"好很多。他说：

其实游戏最怕和机器人打交道——你看有的游戏表面上人很多，结果95%的人都在用"外挂"。

比如，《征途》推出了"替身宝宝"这一新概念，白天要上班的玩家可以把"替身宝宝"托付游戏中的朋友代练，"替身宝宝"可以为主人获得30%的经验。"替身宝宝"的使用是要通过充值卡收费的，此外游戏中升级装备也是要收费的，这些都属于"增值服务"。《征途》中还设有"角色托管"功能，可以让你的朋友帮你去打仗、升级，鼓励人与人之间交往，也可以增加游戏黏度，当然这也是要收费的。

一位网络游戏业界人士称："在《征途》里只要你肯花钱，就可以买好的装备和道具，并不需要慢慢去练习才能升级。"

在此之前，市场上的一些网络游戏玩家要通过代练或者外挂的方式来获取好的装备和道具，而史玉柱通过这种方式把外挂和代练的钱自己赚了。

人生秘方

艺术家说，世上缺乏的不是美，而是缺少发现。同样，世上绝不缺乏商机，也是缺少发现。从别人忽视的地方发现盈利点，是史玉柱在网游中赚钱的原因所在。把握商机是致富的捷径。

市场细分阶段进行再收费

2005年，当史玉柱推出免费的网络游戏后，在国内马上掀起一阵仿效大潮，业界高度关注，并纷纷效仿史玉柱的这种经营理念。

在网络游戏行业里，免费游戏按照道具收费的新商业模式，已经确立并成熟起来，几乎所有的网络游戏公司都在遵照这样的商业模式，包括当年曾经坚决抵触免费模式的网易公司，也开始推出自己的免费模式游戏。"免费玩家带来人气，而游戏装备和道具则带来收入。"这一道理似乎已经被多数业者看得非常清楚。

但是，正当对手们都跟着史玉柱搞免费的时候，史玉柱却杀了个回马枪。

2007年5月20日，巨人网络宣布，经过两年多的市场运营，《征途》成为全球同时在线突破100万的第三款网游。

2007年8月7日，史玉柱对外宣布，为满足喜好收费模式的玩家，《征途》游戏将尝试推广收费模式。《征途》网络游戏"时间区"从2007年8月16日开始对外开放，收费是每小时0.3元。取消所有收费道具。这标志着《征途》由单纯免费模式转变为免费、收费模式双轨运行。此时，

《征途》已经达到在线突破百万人之后的 3 个月。"市场有各类的人群，免费游戏适合了大多数的玩家，但是毕竟还是有一类的玩家，他们是喜欢时间点卡游戏的。"史玉柱分析，在一番市场研究之后他发现，有一些玩家也喜欢《征途》但是却不喜欢《征途》的模式。

于是，曾经高调宣布的免费游戏至此变成了免费与收费"双轨并行"模式。这样的模式下，《征途》游戏不仅对部分玩家玩游戏要收费，还在免费区卖游戏装备、道具获得收入。

史玉柱表示，推出收费《征途》游戏与公司即将在数月后上市无关，公司此举是期望将网络游戏产品市场做透。

因为，史玉柱认为，免费并没有使想玩游戏的人完全融合进去。还有一部分人既没有太多的时间，也没有太多的金钱。对于这部分人，史玉柱想到了利用时间区来吸引，从而更多地占有了市场份额，并且这种"出奇制胜"的做法可以打击竞争对手。

我要吸引到几乎所有的中国 2D 类 MMORPG 游戏玩家，占据这个市场的绝对份额。史玉柱说。

大型网络游戏的主要游戏类型是 MMORPG（如《征途》《魔兽》），对真用户群有一定的要求，要求有一定的经济收入和游戏时间，所以它的用户群多为学生、白领。

这是史玉柱的目标，他也这样做了。把对手引进自己的模式中之后，他又看到了对手原来占领的市场，于是杀了个回马枪。这就是史玉柱牵着对手的鼻子走的竞争高招！

对于从刚一开始就称《征途》免费不再收费，而现在又回到收费模式，很多人怀疑是因为《征途》的免费模式赚不到钱。

对此，史玉柱的解释是：很多人，包括许多关心我的朋友都有一个错误的认识，以为《征途》推出收费模式就是彻底摒弃免费模式了，我这里要再次声明，《征途》免费区依然是绝对主流，从来没有放弃过。我们采取的是收费模式和免费模式并行的双轨制，而且收费区和免费区是互相隔离的，避免出现严重的贫富分化。

据有关资料显示，传统收费游戏普遍存在"泡菜"现象——需要长时间"泡"在游戏中打怪练级，枯燥单调。但是，在《征途》"时间区"里依然保留了自动寻路、自动打怪等功能，以缓解游戏疲劳，让游戏轻松、好上手。同时，"时间区"还会保留免费版独创的泡温泉、骑车、赛龙舟、种植、运镖、太庙等升级方式，让练级决不仅限于打怪，值得一提的是，"时间区"还保留了玩家喜欢的"替身宝宝"功能，让玩家睡觉也能升级。

对于这种双轨制会不会成为以后国内网游的主流资费模式的问题，史玉柱的回答是：很难说，但不是所有的网游都适合双轨收费的模式。一般来说，免费网游增加收费模式要容易一些，玩家心理上也更容易接受一些，因为肯定喜欢免费玩游戏的人还是多一些；但收费网游同时运行免费模式就说不准了，玩家会认为，既然免费也能玩，那我何必还待在收费区呢？这样就会造成一个自身游戏的玩家流失，变成"左拳打右脸，右拳打左脸"。

就目前中国网游市场来说，免费网游应该还是一个发展方向，毕竟经济水平决定了消费方式。我现在所做的，就是提供多种消费方式给游戏玩家，这也符合目前中国网游玩家的分层定位。而且我们这次推出的资费标准不高，"时间区"收费标准为每小时 0.3 元，比目前大部分收费网络游戏的标准都低。

总体来看，《征途》在面对网络游戏行业激烈竞争局面时，并没有像其他网络游戏企业一样去积极开拓"蓝海"，而是扎根于现有用户群，充分挖掘核心用户群的潜力，对商业模式进行创新，以期最终取得突破性发展。

人生秘方

"盛极必衰，月盈必亏。"道家的朴素辩证法，自然也适用于商界。任何一项业务，当它取得一定的收益后，必将被后来者所跟风，而这个时候如果不进行自我调整，还抱着不放，必将随着该项业务的衰落而走向失败。只有盈利的业务，没有永远的业务，要善于创新思维和逆向思维，不断寻找新的盈利点。

增加升级方式，轻松打怪

史玉柱是一个有 21 年历史的"骨灰级"玩家。直到现在，他仍然每天花上四五个小时泡在网络游戏上。

也许是由于在创业初期便经历了婚姻变故，至今未婚的史玉柱也无须花时间在家庭琐事上，除了和员工一起加班，他有更多的时间来通过游戏消耗掉他略显多余的家庭时间。

因此，对于网游中许多不合理的设置，史玉柱都深有体会。在很多网游都是靠打怪升级，而且只要玩这个游戏，那么一个玩家就必须要做，对着怪在那儿侃，一侃就是 8～10 个小时，非常枯燥，而且很苦。史玉柱认为，玩网络游戏应该是轻松的，要根据玩家的需求设计游戏，让玩家可以边喝咖啡边轻松打怪。他说：

所以我在玩的时候，我跟研发团队说，"为什么要这么枯燥呢？"他们也回答不出来，就是"所有的游戏都是这样"。后来我跟他们沟通，能不能够不枯燥，他们采纳了我的意见，就是增加升级的方式。过去游戏里升级就是打怪升级，但我们的游戏里靠打怪升级的比例很小。

在《征途》游戏中有一个特色，就是升级最多的一种方式是答题升级。史玉柱说，就是把中学课本，数理化、语文、英语给放进去。然后再搞点生活常识、天文地理、百科知识放进去。跟王小丫选题的范围是一样的，搞了个题库，现在已经几十万道了。每个月还往里加题目。

靠传统打怪升级没有我这种靠智力、靠知识升级快的方式。这样又避免了暴力难题，不是光靠暴力你才能升级，我们创造了靠知识升级比靠暴力升级快的方式。所以我们每天答题的人非常多，昨天（2006 年 8 月 28 日）我问了一下，估计有 40 人在答题。

依然有人会提出疑问：《征途》不是还有很大一部分是靠货币购买来升级的吗？

对此，史玉柱的回答是：实际上我们的游戏靠货币购买升级很慢的。有人攻击我们，说我们花钱可以买装备，事实上我们在升级方面，道具的消耗量不超过 2%，这说明这一块我们有意设得让它不是太容易。

在我们的游戏出来之前排第一的《传奇世界》主要是卖道具，它的成本是升一级一万块钱。它的侧重点主要是在花钱上面，我们则不是。《征途》里面级别高的人往往是非人民币玩家，是没有消费的。

我们没有直接卖装备，卖装备会让玩家感觉不好。所以我们卖材料，打造装备时需要的一种材料。为了公平起见，非人民币玩家通过打怪、到矿区采矿也可以获得这个材料。只不过人民币玩家省了这个时间，本来要花 5 个小时的，花 20 块钱节省了这个时间。但在级别上面，花钱的人受益不是很大。

人生秘方

只有盈利的业务，没有永远的业务，在该放弃的时候一定要放弃，从而可以轻松的进行下一个可以带来更多盈利的业务。在商场上，历来是适者生存。消费者需要的，才是最好的。

它的重点不在游戏了

网络游戏市场蓬勃发展，游戏用户急剧增加，一个被业界喻为严重疯狂"井喷"的网游时代正迅速演进并十分现实地呈现在我们的面前，这也就无怪乎众多网络巨头虎视眈眈的目光了。

于是，这个有着几百亿空间的"蓝海"正等待着更多有竞争实力的游戏企业"三分靠打拼"。

史玉柱涉足网游，不管是从哪方面来说，都是一个后来者。中国最早的吃网游螃蟹的第一人，还应该是陈天桥和他的盛大。在相当长的时间内，陈天桥和盛大几乎可以代表中国网络游戏的先河之举。后来做网络游戏的几乎都是玩陈天桥的《传奇》游戏成长起来的，在陈天桥面前都是小字辈。

盛大一位核心管理层人士在接受《中国经济周刊》采访时说："经常

有人来拜访陈总，向他取经，还有一些人顺便挖走了我们的研发团队。这个圈子里的太多人都是有盛大背景的。"

陈天桥 1993 年毕业于复旦大学；1999 年开始和家人一起创业；2001年，盛大代理韩国唯美德公司的网络游戏《传奇》并从此发家，占据了国内 65% 的市场份额，成为无可争议的业界老大。

2004 年盛大登陆美国纳斯达克股票市场，仅仅用了 5 年时间，当时 31 岁的陈天桥成为中国最年轻的首富。

史玉柱与陈天桥的认识也可以说跟网游有关。两人最初的认识，是段永基从中搭桥。

史玉柱最早玩《传奇》的时候，用户名就叫"收礼只收脑白金"。对此，陈天桥还曾经开玩笑说，应该收"脑白金"的广告费。此时，史玉柱已经对网络游戏中不尽如人意的地方有种修改的冲动，但这种冲动还没有转化为行动。

2004 年，史玉柱开始玩《英雄年代》，感觉比《传奇》强，只是不明白其中很多不合理的设置为什么一直不改。史玉柱换了一款游戏玩，感觉还不如《英雄年代》，于是又重新开始玩《英雄年代》。也正是在此时，史玉柱想要自己研发一种游戏的冲动就强烈起来了。

想要研发一种游戏，不用说经费问题，首先最头疼的是没有一个优秀的网络游戏研发团队。优秀网游人才缺乏一直是限制中国网游发展的重要因素。但到目前为止．无论从国家，还是企业，都还没有建立起系统化的人才培养机制，而是采购项目这样的短视行为，人才竞争已经白热化。由于挖人购项目都需要大量的现金，网游行业的资金壁垒将进一步提高。

史玉柱非常幸运，正当他为寻找网游研发团队发愁的时候，他听说盛大里面研发《英雄年代》的一些人，想要离开盛大，"为寻求自我发展"。这个机会，史玉柱当然不能错过。于是，他用重金"收编"了这支队伍。

2004 年，上海征途网络科技有限公司成立，进入网游行业。这家由史玉柱控制的公司，被定位为"以网络游戏为发展起点，集研发、运营、销售为一体的综合性互动娱乐企业"，推出的首款产品便是一款 2D 大型角色扮演类网络游戏《征途》。

　　史玉柱承认，为此陈天桥很不高兴。"当初我玩《传奇》遇到问题时，直接到盛大找陈天桥理论。现在我办起了《征途》，有些人是从他那里来的，他当然对我有意见。"

　　对于史玉柱来说，陈天桥在网游方面绝对是前辈。进军网游的史玉柱仍不忘当年之勇，在接二连三地回答媒体的问题时，他竟毫不讳言对手的得失成败。

　　陈天桥网游领袖地位"岿然不动"，即使盛大亏损已成事实。罗素说过："数字是最能忠实反映现实的工具。"故而，无论从市场价值、收入规模还是其它方面而言，盛大都表现出了旗舰企业的气势和魄力，令人叹为观止。但对于已经成为网游一面旗帜的盛大，史玉柱并没有想象中的那样诚惶诚恐，"我不怕盛大"，因为"它的重点已不在游戏了"。

　　史玉柱说："……论战略眼光，我不及陈天桥的一半；论个人才华，我不及丁磊的一半。不过，所幸的是，我有一个非常好的团队……"

　　2005 年 9 月，《征途》完成开发，就在史玉柱要以"永久免费"概念切人网游市场时，2005 年 11 月，盛大抢先一周宣布将包括《传奇》在内的三款游戏免费。这一招着实给执著于网络游戏业的史玉柱泼了一盆凉水。从此开始，征途与盛大在网游上成为竞争对手。

　　《信息时报》采访史玉柱的时候，问他：作为一个"后来者"，在网游市场上谁是你最主要的竞争对手？

　　史玉柱回答：坦白地说，网易和盛大是我最主要、也是最大的敌人。庆幸的是，陈天桥已经转向家庭娱乐，要担心的只剩下丁磊。丁磊确实很厉害。网易"梦幻"的在线人数最多可达 100 万人，这在世界上都是排名第一的。而且，他有一个门户网站作为平台，我和他并不在一个竞争层面。所以，我要向丁磊、陈天桥学习，向丁磊、陈天桥致敬，向丁磊、陈天桥靠拢。

　　截至 2007 年 5 月 20 日，根据征途公司官方网站的数据显示，《征途》的同时在线人数已超过 100 万人。《征途》也成为继网易的《梦幻西游》和第九城市的《魔兽世界》之后全球第三款同时在线人数超过 100 万人的中文网络游戏。

《征途》这款同时在线玩家已高达百万人的网络游戏，从一推出就开始以每半年翻一番的惊人速度飞快增长。2007 年上半年净营收 6.87 亿元，净利润高达 5.12 亿元，同比增长高达 734.17%。

从盈利来看，史玉柱已经超越了陈天桥。2007 年上半年，盛大网游收入为 10.486 亿元，净利润为 8.647 亿元，但若除掉来自新浪的投资收益，其网游净利润仅为 4.424 亿元，已经落后于巨人网络。

人生秘方

孔子曰：三人行必有我师。要善于学习别人的长处。正所谓，知己知彼百战不殆。不要仇视竞争对手，正因为对手的存在，你才变得越来越强大，你的成功才值得别人称道。如果能将对手的优势变成自己的优势，是最有利的做法。

我要向丁磊学习

史玉柱有这样一句话：守弱，是种心态和策略，并不是自暴自弃。当时机成熟时，弱可以向强转化，或能战胜强而使自己变得强大。

蒙牛当年在内蒙古打出的口号是做内蒙古乳业的第二品牌，其实，这一口号所传达的蕴意是告诉消费者，告诉社会，同时也告诉伊利：我们蒙牛只是乳业的小弟弟，小弟弟甘向大哥哥学习。之后，蒙牛赢得了生存空间，抓住机遇飞速成长，与此前的老大哥们鼎足而立甚至远远把他们丢在了身后。

初入网游的史玉柱，大有不把陈天桥、朱骏等网游巨头放在眼里的势头。在他看来，除了网易，在国内的网游市场上他鲜有对手。但是史玉柱却一再表示，对丁磊他是发自内心的佩服，《征途》在市场上的真正竞争对手将是坚持自主研发的网易。为了在研发上追赶网易，他在台湾地区以 4000 多万元的价格收购了一个网络游戏策划研究团队。

也有人说《征途》的游戏生命周期会很短。史玉柱说："很多人也说脑白金火不过3年。但是现在它在市场旺销已经超过了10年，我看它能在市场旺销20年……我想《征途》的生命周期起码有5年。"

史玉柱语气笃定，对自己的"征途"充满信心。

史玉柱曾不止一次地向媒体说"网易和盛大是我最主要、也是最大的敌人"，而丁磊则是"更'危险'的竞争对手"。

"要担心的只剩下丁磊。因为丁磊专注于网游行业。丁磊确实很厉害。网易'梦幻'的在线人数最多可达100万人，这在世界上都是排名第一的。而且，他有一个门户网站作为平台，我和他并不在一个竞争层面。所以，我要向丁磊学习，向丁磊致敬，向丁磊靠拢。"

逐鹿游戏业，史玉柱对网游市场的现状也自有一番判断。他认为"网易非常可怕，要现金有现金，要人有人，最可怕是丁磊本人非常重视。但是它和我们不是一个市场，它是卡通类"。

2005年10月8日，网易发布2005年第3季度财务报告：该季度总收入达到4.63亿元人民币（5，720万美元），较上一季度增长11.0%，较上年同期增长82.6%。

当年"网虫"丁磊靠写软件攒钱创办的公司如今仍然保持着不错的成长速度；当年网易通过收购一家游戏公司，走上了网络游戏之路，不再与新浪、搜狐两家门户单拼内容。因为与其他门户不同，在互联网的价值链中，网易把自己定位为"以产品为主导的网站"，意思是说"我们推出的都是一些产品，而不单单是一个媒体那么简单，其实互联网本身就是一个媒体加技术的东西"。

2001年12月，网易率先宣布进行网络游戏的自主研发。网易聘用了各类人才，从美工、技术人员到策划，在2001年这些人并不容易得到。当时，在中国，懂美术的人不计其数，可是从美术学院出来的学生擅长于画些山山水水，却缺乏电脑工作的实际经验。

网易的方法是在公司内部专门由有经验的同事设计出培训课程——

而不是从外部找现成的资源——把他们转化成与电脑游戏有关的美工。与此同时，公司里所有技术出色的员工都转到了游戏部。现在全公司1500人中网络游戏部的人数多达600人。所以说。如果前面的这段话由某位在网游市场中大获成功的资深前辈道出，倒也不失为过，但史玉柱作为刚刚入行的"新人"，如此大言不惭，未免让人感觉有夸夸其谈之嫌。但如果史玉柱不这么说，那他也不叫史玉柱了。

如今丁磊已经把他的主要精力放在网络游戏上，网易也变成了"网游"。史玉柱对于丁磊的无限好感并向丁磊学习，也许意味着史玉柱的下一个目标就是他了吧！

人生秘方

抱着欣赏和学习的态度向竞争对手学习才能使自己更富竞争力。商场上，必要的时候，要学会服软，能够在恰当的时候给予对手相应的赞美，并不是坏事。对网络游戏市场的大腕们，史玉柱总是毕恭毕敬，还对着众媒体的面说要向他们致敬，正所谓，要向强者学习，适当地向强者示弱，才能让自己更好地生存和发展下去。

网游就是在一大堆钱上跳舞

有人说《征途》是传统网络游戏的颠覆者，也有人说《征途》是网游行业新规则的制定者。每种网游都有自己的游戏规则，而《征途》的游戏规则就是金钱万能。《征途》是一座用金钱搭建的虚幻舞台，有钱人在舞台上自由旋转。

史玉柱自己是个老玩家，在他的游戏生涯中，曾经有过每个月在游戏中花费成千上万元而面不改色的经历，即使是这样的花销，他仍然感觉那些游戏的设计还不足以完全释放他的消费冲动，他希望找到一款能够真正让他满足的网络游戏，这也是其开发《征途》的直接动机。

相关数据显示，目前中国的网游多数还处于小作坊阶段，而在国际网游市场却已经到了大制作阶段。

所以说，如果一个网游产品的研发投入在 4000 万元以下，那么它在市场上已经不可能形成气候了，这和三五年前大不一样了。再加上欧美游戏的市场份额迅速上升，三年之后外国的游戏很可能就会成为中国市场的主导。

经过比较，史玉柱发现，国内投资在 2000 万元以下的小游戏，很多都死了，而投资在 2000 万元以上的游戏，大都能生存下去。

对此，史玉柱毫不掩饰地说出了自己的想法："网络游戏是什么？就是在一堆钱上跳舞！"

钱加上人才才能等于一个网络游戏的成功。说到底就是资金的竞争，人才竞争，财大气粗的史玉柱说，他为《征途》这款游戏准备了 2 亿元的资金。他的这一豪赌行为遭到了很多人的质疑：盛大、网易做网游，其背后都有上市公司作为后盾，初出茅庐的史玉柱如何与之匹敌？

对于这一点，史玉柱并没有过多的担心，他表示，根据他对自己在民生银行和华夏银行等的股权市值测算，目前其投资的股权市值约为 22 亿元，和上市的资金背景相差不会太大。

而且，早在 2003 年，史玉柱就已经将旗下经营保健品的黄金搭档公司大部分股权卖给了四通公司，成功变现 12 亿元。所以说，史玉柱认为，自己做网游并不缺少资金。

史玉柱把要"玩转"网游必须具备的条件归纳起来："产品好，有效的营销策划，还有队伍过硬，更重要的是要有钱。"

他认为："做游戏第一靠人，第二是靠钱堆出来的。游戏好坏跟盖楼一样，楼盖得漂亮，除了设计好之外，实际上还得靠钱，钱投得越多，每平方米造价越高，这个楼越显档次。所以说，要是没有几千万元，你就维持不了研发队伍的薪水，要是没有几千万元，你就没法把硬件设备配齐。所以，我这次进军网游，除了有非常优秀的团队和产品外，我还准备了2亿元：1亿元直接投进去，1亿元做储备。总之，投资在500万元以下的成功率不到10%，投资在2000万元以上的没有失败的。"

人生秘方

商场上，在做一项投资之前，一定要清楚地知道这个行业的潜规则。知己知彼才能立于不败之地。一个网络游戏就是资金的竞争，人才的竞争。要想做好网游，两者缺一不可。做网游是这样，做其他也是一样，什么都没有弄清楚就闯进去，必败无疑。

真正第一款大规模免费游戏

根据相关数据显示，目前在中国大陆市场上已有200余款网络游戏产品，150家网络游戏商。在如此激烈的市场上环境中如何脱颖而出，已经成为了摆在众多游戏厂商面前一个严峻课题。

现实残酷：网游市场，强者如林。前有来者，后有追兵。

同时，还有一个不容忽视的问题是，网络游戏的玩家也正在从年轻化向时尚化方面发展。游戏已经成为很多大学生和白领休闲生活的一种方式。

那么，如何让玩家选择你而不是选别人？

营销高手史玉柱还是坚持他那条原则：消费者是最好的老师。因为他清楚地知道，只有研究透消费者的需求，才能牢牢抓住他们的心。

既然网游的玩家主流是年轻一代，那么，我就通过跟他们聊天来了解网游玩家的心理，弄清他们想玩一款什么样的游戏。

在这方面，史玉柱充分发挥了他的优势，因为他本人就是网游玩家，可以非常方便地跟玩家在网上交流。

史玉柱说："做网络游戏和做保健品一样，你真正赚钱要靠回头客，也就是看能不能吸引住他。"

那么，这个吸引住玩家的法宝是什么？后来者居上的《征途》，其制胜的法宝就是"免费"。史玉柱创造了"永久免费，靠道具赚钱"的模式。史玉柱给免费游戏的定义是：

一般的免费游戏就是按不按时间收费的问题，收费游戏就是你不买时间玩不了，免费游戏就是你不买时间也可以玩。

同时他也分析了传统收费模式的不合理之处：

传统的收费模式有个不合理的地方，你要买时间，否则不能玩。你是个下岗工人还是个亿万富翁都一样，同样是 45 块钱，对富翁来说跟 4500 块钱没有区别，但对下岗工人、学生（来说就）是个很大的负担。所以这个模式是不合理的。传统收费模式存在致命的弱点，必然要变革。免费模式存在一些好处，大家都能来玩，花钱的人可以享受一些增值服务。

老游戏规则的商业模式核心是按点卡收费，即网络游戏公司按玩家的游戏时间收取相应的费用。一般情况下，玩家为获得在线游戏时间而付费，公司的增收秘诀就是想方设法延长玩家在线时间。因为玩家在游戏中的等级由在网上"耗"的时间长短而决定，所以连续十几个小时打游戏也就成了家常便饭。社会各界对"上瘾"的非议多半由此而生。

由于网络游戏公司只局限于时间收费，没有看到其他更好的模式，也就忽略了商业环节中游戏道具以及装备的收入。

聪明的史玉柱很快就发现了这一点，他看到了虚拟交易中蕴藏的商机，于是他推出"终生免费"，以"网络游戏革命"的主题在各种网络媒体和平面媒体上疯狂地进行宣传和炒作。

所谓的"免费游戏"其实是靠道具收取费用。《征途》团队设计了各种道具和玩法，其中，最为知名、获利最丰的是道具打造系统。

这个系统的特点在于：玩家花钱越多，道具的性能就越好。《征途》的这种"革命性的模式"，让玩家知道了玩游戏的"好处"，虽然这个好处只是一个甜蜜的陷阱。

所以说，"免费游戏"更像嘉年华和迪士尼，门票的钱不多，但是每个项目都要收费，纪念品也都很贵。这样累计起来的收入依然很高，这种模式可能比"收门票"更具诱惑性，消费者会为体验而付费。

由此种种，《征途》又招来"非议"，"免费网游名为'免费'实则收费更高"的说法沸沸扬扬。史玉柱宣布：《巨人》将永久免费，并且设置"消费封顶"，以控制人民币玩家与非人民币玩家的差距，《巨人》中等级不够的玩家不能付费，等级够高的玩家，一周最多也只能花 15 元。

很快，"免费游戏+收费道具"模式在中国网络游戏界也有了效仿者，又一轮新的竞争开始了。

人生秘方

　　任何事情都是可以变通的，一种方法不行，还可以用很多别的方法。循规蹈矩、墨守成规难以成事。

第十章

金融投资：投资眼光是关键

　　史玉柱说，营销起到的作用，只在于一时，产品成功的关键，还在于自身品质。好的网游，确实充满诱惑，让人爱不释手。对他自己来说，现在打游戏最大的好处，竟是用来抵挡现实世界投资机会的诱惑。"这个'诱惑'实在太多了，可是一不小心，又容易踩到'地雷'。现在我天天泡在网游里，手机一关，这些外界的诱惑就不存在了。"史玉柱的表情甚为得意。

不能投错一个项目

但凡成功人士童年必有过人之处，史玉柱也不例外，他小时候喜爱搞点小科技，虽然只是一个其貌不扬的小孩子，胆子却极大。看了《十万个为什么》后的他，自制过炸药，于是，"轰"的一声响，把自己名字"炸"得在他所生长的这个地方大名远扬，也获得了一个响当当的外号"史大胆"。长大之后，"史大胆"依然出手大胆，辞公职下海、赊账做广告、同时发动电脑保健品医药"三大战役"、盖号称中国第一的高楼……激情澎湃、不计后果的"史大胆"使得史玉柱大起大落。

"摔了跟头以后，现在胆子不是很大了，熟悉史玉柱的人都知道，他现在是过度胆小了。"说起自己的胆量，史玉柱总是忍不住笑起来。终于，曾经的"史大胆"开始变得"胆小"起来。

他说："我们公司定了一句话，关于投资的，宁肯错过一百个机会不投错一个项目，负债率要严格控制，现在差不多4%~5%的负债率，零负债做不到，因为一到月底的时候应付工资这就得负债，除了IT和保健品，其他坚决不投，剩余的钱投在已经上市或者即将上市的全国性银行。"

"另外，现在我做任何项目没有80%以上成功的可能性一般都不敢动了，虽然现在情况稍微好了一点，找合作，找投资的很多，但至今我们一个项目都没投。像IT，我也感兴趣，而且对公司形象也有好处，老百姓肯定更喜欢我做IT而不是保健品，但我考虑一个很现实的问题是：我做这个能不能迅速赚钱，我的投入和产出成不成比例？现在做IT还是概念多，能赚钱的很少，所以我对IT研究一年了，最终只是将目光集中在网络游戏市场，其他的什么博客、门户、电子商务我是不会出手的。"

史玉柱表示自己在投资方面已经"不是保守，而是非常保守"。因为激进而缴了很大一笔学费之后，对待投资，史玉柱变成小心谨慎起来。

"现在中国的商业环境发生了很大的变化，十几年前可以通过巧干来做事，现在根本行不通。"

我们可以看到，史玉柱再次复出后搞过的这些项目，无论是脑白金、黄金搭档、网络游戏，它们之间有一个共同点：全都是不需要大量固定资产投资的项目。

史玉柱在《赢在中国》中曾跟选手谈过"胆大""胆小"的问题，当选手董克勤说创业的人首先要有胆，有胆才会有梦想时，史玉柱当即发表了自己的看法：

十五年前的中国跟现在不一样，那时谁胆大谁就能取得暂时的成功，但现在看来不是这样的，那时胆子大的人，活到现在的有几个？我那时也属于胆子大的，可我不也栽了吗？现在，中国已经成为越来越规范了，机会也越来越均等了，不能再去靠大胆取胜。现在靠什么？靠的是战略和人才，我给自己定了一个规矩，宁可错过一百个机会，也绝不错过投一个项目。所以我建议你通过制定英明战略和合理使用人才去取得企业发展。个人胆魄不那么重要。

对于外界经常冠之于其身的"豪赌论"，他非常惊诧："有人说我豪赌，恰恰相反，我是胆子最小的人。我投一个产业，有几个条件：首先是判断这是否为朝阳产业；其次是我们的人才储备够不够；还有资金是否够；如果失败了是否还要添钱，如果要添钱我是否准备足够多。"

史玉柱现在深深体会到，对中国的民营企业家而言，最重要的不是能否抓住机会，也不是"胆大""胆小"的问题，企业家面临的最大挑战在于能否抵挡住诱惑。

人生秘方

　　企业应该制定英明战略和合理使用人才去取得企业发展。没有哪一个商人在进军一个行业之前，不对这个行业的市场形势进行谨慎分析的，尤其是对新进军的行业，更需要谨慎地分析从而做出准确的定位。

这笔交易自始至终是双赢的

据有关人士透露，从史玉柱再战江湖那天开始，他就希望自己能成为资本投资人。也许用史玉柱自己的话来佐证更为恰当，他曾经说："手头钱太多就会想着去投资。"

实际上，我们也不难发现，从史玉柱决心在公众面前亮相的那一天起，他就一直兼备两个角色：企业家和投资家。只不过在其后的几年里，他的投资家色彩越来越浓厚。

在巨人投资有限公司筹备成立期间，史玉柱接受媒体采访的时候就说过，新的巨人公司"将是一个投资控股公司，我将出任法人代表，以生物制药、保健品为主，还是私营企业性质。巨人的牌子还要用，尽管它存在着许多污点。我的主营产业一定只有一个，在无风险的大前提下以参股的形式有限介入其他行业"。

经过一番东山再起的打拼，史玉柱手上的现金越来越多。经历过失败的史玉柱特别害怕现金流断开，所以，账上始终趴着5亿多元的现金。

在项目投资方面，史玉柱一直很谨慎，他曾表示："经营企业不求发展速度，但求安全第一，宁肯错过100个机会，不投错一个项目。除了IT和保健品，其他坚决不投。"

从"脑黄金"到"脑白金"，再到"黄金搭档"，史玉柱在把中国保健品市场玩转于股掌之中的同时，也把保健品转换成了数以亿计的真金白银。也难怪会有人直呼：史玉柱再现了"流金岁月"！

但是，从2002年11月脑白金商标转让协议签订起到2003年10月的近一年时间里，史玉柱没有什么新的动作供媒体关注，人们只是从电视里铺天盖地的黄金搭档广告，知道史玉柱在全力推广他的新产品。

时间就这样过去了。直到2003年末，在香港上市的四通电子技术有限公司发布了一则公告，内容是：应四通电子技术有限公司的要求，该公司股份于当日暂停买卖，等待公司披露近期发生的重大交易。

10天之后，四通电子发布了主要交易公告内容：2003年12月3日，四通电子与一家叫作 Ready Finance 的公司签署收购协议，以 1171955403 港元（11.7 亿港元）的价格收购 Ready Finance 全资拥有的公司 Central New 的全部股份。这笔接近 12 亿港元的收购款分两种方式支付：其中 6 亿港元以现金支付，5.6 亿元通过发行可转换债券方式支付。

虽然四通的董事长段永基是中国企业界的大佬级人物，此公告一出，不论内地资本市场还是香港资本市场，对亏损多年的四通电子这一举动都没有太多人关注。人们更好奇的是，Central New 究竟是何方神圣，值得连年亏损的四通电子花费将近 12 亿港元来收购，它能给四通电子带来什么？

经过多方调查，谜底解开：这家名为 Central New 的公司，是一家 2003 年 10 月 1 日在英属维京岛注册的企业，由它的股东 Ready Finance 注册成立，这是一家史玉柱本人全资拥有的公司。而 Central New 的唯一资产，就是它所拥有的黄金搭档生物科技公司 75% 的股份。按照史玉柱后来接受《21 世纪商业评论》采访时的说法，Clental New 是专为收购黄金搭档生物科技公司股权而注册的。

随后，这起涉及金额近 12 亿港元的收购，立即引起了国内所有主流财经媒体的关注。

记者在采访中问史玉柱："四通付给你的钱到账了吗？"

史玉柱说："6 亿港币已经到账，5.6 亿转债也已在手中，按约定这些债券将分三批转为股票，全部转完要到 2006 年。"

记者说："脑白金 6 年多就给你创造了十几亿元的财富，增长速度是惊人的。"

史玉柱回答："那和陈天桥比还差得太远了。不是一个级别，说明人家确实厉害。"

记者问："能介绍一下你和四通的这笔交易吗？"

史玉柱回答道："起初并没打算卖给四通，而是想在美国上市。后来段总提出来探讨这个事，再加上我和段总有个人的交情，就在同等的条件下优先给段总。他之前就对我们很了解。四通有困难的时候我还经常帮段总解决一些经济上的困难。有一次段总提出要成立四通巨光，我们同意之后，很快一笔资金就划过去了。段总知道我们的钱都是通过脑白金赚来的。"

记者问："有媒体认为脑白金不值那么多钱，说你这次是高价套现，你怎么看？"

史玉柱说道："这笔交易自始至终是双赢的。对我们来说，除了套取了一部分现金之外，一下子成为一家香港上市公司大股东，也是合算的。对四通来说，它因为新浪股票暴涨，突然一下手上有很多钱。这些钱怎么去购买资产能让四通持续盈利？要是买个烂资产，对上市公司也是致命打击。收购可以解决这个问题。"

"至于价格问题，我是当事人，说了不算；媒体说了也不算。真正有发言权的应该是中介机构。这次请的是国际著名的中介机构，对方聘请的是毕马威，我们聘请的是德勤。双方还分别聘了投资银行、律师楼，现在的价格是七家中介机构同时认可的。我觉得这就是一个公平价格。"

人生秘方

在人的一生中，总会遇到一些让事业长足发展的好机会。能不能抓住机会，关键取决于人的眼光、胆量和能力。对我们来说，与其抱怨"没有机会"，不如训练自己发现机会的眼光、敢抓机会的胆量和运用机会的能力。

要做李嘉诚与盖茨的结合

有两个人，始终挂在史玉柱嘴边，他们是史玉柱一直在研究和学习的对象——华人首富李嘉诚和微软总裁、世界首富比尔·盖茨。

史玉柱说，李嘉诚是做投资规模的横向发展，看什么行业赚钱便做什么行业，他涉及的行业从小到大共有几十个。李嘉诚是以投资家的身份，通过高明的投资手段、严密的项目论证，使其集团规模扩大的。而比尔·盖茨则做专业领域的纵深发展。认准一个方向，把自己所熟知、能够呼风唤雨的软件开发制造产业做大做强，使其股价迅速增值。

史玉柱放着好好的保健品行业不做却跑去转而投资群雄争霸的网络游戏，他正在不断寻找新的盈利点，"不在一棵树上吊死"已经成为史玉柱选择投资方向的根本出发点。

现在，史玉柱的理性，似乎已经达到了一个常人难以企及的高度。他对于自己的投资思路，有着非常清醒而独到的见解：

"任何一个行业今年赚钱明年未必能赚钱。回过头来看这十年来的洗衣机、电视机行业里，当时是很赚钱的，但是目前来看，没有一个成为朝阳产业，最后搞得大家都不赚钱，所以一个企业不能在一棵树上吊死。但是搞多元化也不行，至少我认为自己不行。基于这种情况，我认为应该结合比尔·盖茨与李嘉诚的路子：几乎全部的人力投入到主营产业，集中一半的财力投入到主营产业；留一半的财力做其他方面的投入，容易变现且不需要投入很多精力的，当主营业务出现危机时，可以通过这一块在现金流方面给予支撑。"

对于史玉柱而言，没有永恒的暴利，也没有永恒的产业。卖掉"脑白金"，体现他懂得了功成身退、见好就收的道理。而投资《征途》的成功，正是印证了现在以"投资家"身份出现的史玉柱，总是不断在寻找最后一个暴利行业。除去投向银行业不需要自己管理的资金之外，史玉柱投资的产品越来越趋向于快速敛财型。

吃一堑，长一智。通过巨人大厦事件的教训，史玉柱学会了不打无准备之仗。即便是很有把握的事情，他也会给自己留下后路，用以防患于未然，预防随时可能出现的危机。

循着史玉柱的投资思维，进入保健品行业，是他复出的一个跳板；投资银行使他不必再担心资金问题，2D网络游戏《征途》是继他投资脑白金、黄金搭档之后的主要投资方向。对于这次投资，虽然外界都评论说是一场"世纪豪赌"，可史玉柱却对这个主营业务的盈利能力很有信心。

以软件程序员出身的史玉柱，在房地产、健康产业转了一个大圈之后，以这种近乎完美的方式回归到了IT业，实现了他心中的梦想：

"我终于找到自己的归宿了，感觉很好，退休前我只会做这一件事。"

人生秘方

> 理性是一个商人的基本心态，能在任何时候都能保持理性，并不是一般商人都能做得到的。驾驭时局的能力是眼光超绝者把自身发展同时局紧密结合在一起的能力，要的是时局促进发展，顺应时局，在该撒网的时候撒网，在静候的时候静候，从而准确的把握时局的变化，不管是有利的还是不利的，都能转化为有利的，为自己所有。做投资要选择好的运作模式。

有了我，实现的速度可以快 10 倍

2008 年 10 月 28 日，在北京人民大会堂，世界上第一款功能名酒——五粮液黄金酒正式宣布上市。

也就是在这一天，史玉柱创办的巨人投资公司在北京宣布，正式开辟在保健品、银行投资、网游之后的第四战场——保健酒市场，与酒业巨头五粮液进行战略合作，由巨人投资，担任黄金酒的全球总经销。

黄金酒的酿造者、五粮液秘方传人陈林介绍，黄金酒精选老龟甲、天山鹿茸、美国西洋参、宁夏枸杞子、汉中杜仲、关中蜂蜜等地道名贵药材，加上五粮液的基酒酿造而成，光研制就花了 10 年时间。

据了解，黄金酒的酿造，一方面保持了浓香型白酒的香醇口感，另一方面又融入了名贵中药的保健功能，颜色为琥珀色，看上去色泽晶莹剔透，除了颜色外，其口感几乎与五粮液白酒没有多大差别。

"将如此丰富的补品悄然无味地融入五粮液的基酒中，保留基酒完整的一流口感，这是一个非常了不起的成就。"国家白酒鉴评专家组组长沈怡方这样评价。

一个是耳熟能详的酒业大王，一个是极具传奇色彩的保健品大亨。1月 18 日下午，在四川宜宾，王国春和史玉柱的手握到了一起。

全国酒类行业协会的最新资料显示，近年来，保健酒行业销售总额以年均 30% 的速度在高速递增。正是前景大好的保健酒，将他们联结到了一起。

"以前五粮液对保健酒一无所知。"作为五粮液集团的董事长，王国春没有"藏短"，"五粮液在保健酒方面进展缓慢，市场营销也是五粮液的弱项"。

在王国春看来，以卖保健品起家并依靠保健品实现二次创业成功的史玉柱，是填补五粮液保健酒产业短板的最佳人选。

有公开资料显示，保健酒行业销售总额年均增长速度超过 30%，去年全国白酒业销售收入超过 1 千亿元，其中保健酒比例不到 1%，其市场增长空间巨大。接近史玉柱的人士认为，这是巨人接手黄金酒的重要因素。

认准一个好产品，狂风暴雨一般投广告，洪水猛兽一样建终端，是史氏"三板斧"。这次黄金酒的推广也采用类似方式。"送长辈，黄金酒!"巨人集团惯常采用的高密度广告轰炸再现中央一套的黄金广告时段，其营销策略完全是脑白金和黄金搭档的延续。

据了解，早在 2008 年 4 月，史玉柱已指定山东青岛、河南新乡两个市场试销。基于青岛、新乡试销成功，巨人投资决定从 2008 年 11 月至 2009 年 2 月投入 3 亿元广告费，启动全国市场。尽管经济寒冬像一片乌云笼罩在酒业市场上空，史玉柱仍"胆大杀人"，并对此放出狂言，称将于 3 个月内赚回 10 亿元。这一次，一直在生意场上独来独往的史玉柱一改"独食"风格，与酒业巨头五粮液战略合作。

有相关人士透露，双方合作曾经历了近 10 个月的沟通与考察，最终达成一致意见。双方将利用各自在品牌、技术、资金和营销网络等方面的优势，在保健酒领域展开战略合作。此次推出的"黄金酒"产品，就由巨人投资担任全球总经销。

"这个酒，有没有我都会成为中国销量第一的白酒，但有了我，实现的速度可以快 10 倍。"史玉柱说。

据悉，巨人在全国拥有 150 多个销售分支机构、1800 多个县市办事处和 29 万个销售点，这都是五粮液集团所倚重的合作基础。

而对史玉柱而言，他对空间巨大的白酒市场也是觊觎已久。巨人网络一位程姓高管透露，之前史玉柱曾与茅台镇的一些酒厂洽谈过收购。直到今年年初，在一位酒业大腕的引荐下，史玉柱包机飞抵白酒之乡宜宾与五粮液高管洽谈，才下定正式进军酒业的决心。

听说史玉柱打算做保健酒，听到有人说史玉柱又演绎"史大胆"神话，听到有人说史玉柱"战必胜"，史玉柱无疑已经成为了自由竞争体制下的商业英雄，无疑大众已开始对史玉柱的英雄行为盲目崇拜，史玉柱的成功——失败——再度成功，将史玉柱推向了英雄的巅峰。

史玉柱已经经历了三度成功，四度成功不是不可能。而且随着史玉柱的商业思想与营销套路不断成熟，他的成功之路将更开阔，他个人的财富将更多。

在巨人大厦坍塌之后，史玉柱曾经在很多场合展现出智慧与坚韧的一面，智慧与坚韧是一名成熟的企业家必备的素质，史玉柱具备了——史玉柱就是一名成熟的企业家。一名成熟的企业家在选择开始一个新项目时，必然已经进行了充分的"谋划"，并且在把握了很大胜算的条件下，才会做出决策。

所以，我们不用怀疑史玉柱是否是"冒进"，是否又重复演绎"大胆神话"。

人生秘方

　　商战中，智慧与坚韧是一名成熟的企业家必备的素质。"利益一致才有真诚的合作。"在合作中，不仅要考虑自身需要，也要考虑合作方的需要，并设法予以满足。这样，你就能获得对方的全力合作。

实业与投资相结合

1994 年巨人大厦动工到 1996 年 7 月，史玉柱从未申请过一分钱的银行贷款，他把银行抛到一边，要独自支撑那高达 70 层、投资 12 亿、超过他资金实力十几倍的当时全国最高的楼。最终，巨人大厦抽干了"巨人"的血，珠海巨人集团开始由顶峰走向深谷。经历珠海巨人失败后的这些年里，史玉柱也逐渐多了很多金融意识，他给自己的下一步发展设定了一个业务模式，那就是"实业+投资"。

实业家是脚踏实地地经营自己的企业，无论是制造业还是服务业，都在极力打造自己的品牌，靠手中的产品赚取利润。而投资家运用手中的资本，或者借助别人的资本，进行眼花缭乱的资本运作，从中谋利。

我要走的路呢，比尔·盖茨是条路，李嘉诚走的是另一条路。前者死认准一个产业，在一个产业做事，使股价迅速增值。而李嘉诚是看什么行业赚钱便做什么，他涉及的行业有几十个。他是以投资家的身份，通过高明的投资手段、严密的项目论证，使其集团规模扩大。

从单纯的实业投资到一些"流通性好，可以随时变现或者很容易抵押贷款"的特定领域投资，史玉柱已经在未来发展的资金需求上迈开了步子。史玉柱是个传奇人物，经历过大起大落之后，他正在以自己的独特方式理解什么叫中国式的企业资金安全保障，他也在完成从实业家到投资家的蜕变。

我觉得中国更需要像比尔·盖茨这样的企业家，就是真正的做实业。如果各个行业都有那么几个，中国肯定会很有希望。但是从中国目前各方面来分析，中国有中国的特点，比如恶性竞争。

史玉柱在东山再起之后除了专注于实业营销，他分别入股民生银行与华夏银行。史玉柱在实业和投资两个渠道上平行推进，相互策应，互为补充。2002 年 11 月，史玉柱将亲手打造成中国保健品行业领导品牌的"脑白金"以 1.46 亿元的高价卖掉，并宣布从此退出脑白金市场。虽然他退出"脑白金"市场，但是丢碗不丢筷，手中还掌握着脑白金 40% 的股权，并无彻底放弃保健品的意念。2003 年 1 月，史玉柱在接受记者采访时声称：

2005 年，我们的工作重心不会更多地侧重于资本运作，而仍然是在实业方面，主要涉足两个行业：生物科技和金融。生物科技方面主要做保健品和药品，"黄金搭挡"是我们今年（2003 年）的重点；金融业方面，我们比较关注投资风险较小、收益率较高的项目。当然，对于其他行业，我们也会予以一定的关注，比如 IT 行业。

在很多人眼中，史玉柱的形象到了 2004 年前后才有了变化。在此之前，他一直是个靠广告"狂轰滥炸"来销售保健品的企业家。直到他把脑白金和黄金搭档卖给四通，并且有越来越多的投资项目为外界所知，人们才惊呼：史玉柱变成了一个投资家。

事实上，早在史玉柱复出之时，他接受媒体采访的时候就讲过，新的巨人公司：

将是一个投资控股公司，我将出任法人代表，以生物制药、保健品为主，还是私营企业性质。巨人的牌子还要用，尽管它存在着许多污点。我的主营产业一定只有一个，在无风险的大前提下以参股的形式有限介入其他行业。

2006 年 1 月，史玉柱在接受媒体采访时说道：

这几年我已经完成了转型，从实业过渡到投资，我们在这些投资项目中的身份是投资者，具体的管理由管理层来操办，我只参加董事会，讨论和确定战略等重大事项。

我实际上是投资人的身份，而不是一个实际操盘的人。我现在的职务就是巨人投资公司的董事长，我在下属公司，最多在征途公司兼一个董事长，其他我很少兼职。

史玉柱手下企业数目庞杂，著名的便包括了"巨人""健特""四通"品牌，如今又多了一个做游戏的《征途》，但史玉柱的名片上，标明的头衔只有"巨人投资公司董事长"一职。史玉柱介绍，自己的事业，主要就是以这个投资平台为起点，一步步往外参股。

巨人（投资）这块都是我自己的，下面的子公司开始有高管和合作伙伴的参股，比如征途网络（现为巨人网络），巨人投资了主要部分，还有二十几个高管持股。

史玉柱曾经说："我最愿意把金钱用来投资。"对于自身的定位，史玉柱表示：我既不是一个成功的投资家，也不是一个成功的企业家。我觉得我过去可能还想往实业家的方向发展，现在实际上是一个投资者，说难听点儿就是一个资本家的身份。"巨人"已经是一个资本领域的品牌，我更喜欢"资本家"这个职业。

史玉柱说，自己这十年来就做了三件事，保健品、投资银行、网游，因为都充足准备，都成功了。

大家说我运气好，实际我们团队研究了至少2年，论证了所有行业，才做出了投资决定。

由于巨人投资不断有大笔现金入账，史玉柱还成立了专门的部门进行投资。

"实业经营+金融投资"是很多中国企业精心搭建的模式。目前我国的各大实业企业无不在投资领域长袖善舞，从华润、海尔、联想到雅戈尔，大大小小的国企、民企尽入其中。联想集团董事局主席柳传志经历了从实业家到投资者的转变。今天的很多人大概已经淡忘了柳传志最初的实业家地位。柳传志对曾经的创业辛酸记忆犹新，他说道："我们自己出身也是一家高科技公司，在成长过程中由于没有资金而吃了很多亏，走了一条比较长的迂回路线——贸工技"，"当时，我们的财务成本重得不得了，联想20万元起家以后，完全是靠利润来滚动发展，真的是很困难。"雅戈尔集团董事长李如成也曾说过："我做了30多年服装，利润都是一点一点积累起来的。但投资就是不一样，一下子就能赚取30年的钱！"

1994年，联想在香港证券交易所成功上市后，柳传志才真正拥有了广阔的一片天。面对辛酸创业历程和巨大融资成功之间的强烈反差，初尝甜头的柳传志对投资的兴趣从此一发不可收拾。2000年，联想分拆成联想集团和神州数码，杨元庆和郭为分别走马上任。而柳传志，他已经由一个实业家摇身一变成了退居幕后、与联想控股副总裁朱立南一起转向风险领域的投资者。

谁是史玉柱最佩服的企业家？

我敬佩柳传志，我没有说过要学段永平。

段永平是步步高的创始人，已经急流勇退转变为一个投资人。

在四通控股里的权重非常之大。所以，我们的利益与上市公司紧密捆绑在一起。

去年（2006年）"巨能钙事件"之后，保健品行业一直处于下滑通道，下滑幅度在30%左右，脑白金、黄金搭档的销售也受到了冲击，下降幅度在10%左右。保健品行业，"第一法则"同样适用，黄金搭档、脑白金的销售显示是全国前两名，占位靠前的保健产品受市场的冲击会小很多。脑白金的产品形态已经稳定，预计还是要增长的，增长来自新品的推出。

四通控股公告显示，史玉柱已于2007年3月1日辞任行政总裁，原因是为其个人投资的其他项目需要投入的精力日益增加，为避免影响公司日后整体的发展，因此做出此辞任决定，但仍继续留任执行董事，专职参与四通控股健康业务发展的决策工作。四通控股主席及执行董事段永基暂时兼任CEO。史玉柱的突然离职确实与征途的上市计划有关。

人生秘方

如果没有价格上的优势与技术上的绝对优势，千万不要进入红海市场，否则你会必输无疑！

银行业盈利模式

史玉柱投资华夏银行和民生银行，也可谓遇到得天独厚的机遇。就在史玉柱酝酿收购银行股份而不知从何下手时，史玉柱遇到了一个机会。

四通有6000万股华夏银行股份被法院冻结要拍卖，我替段永基（四通董事长）把钱还了，在进入拍卖程序前把股份拿了过来。后来又等到一个机会，华夏银行要上市，当时华夏的第一大股东是首钢，它不卖掉8000万股，证监会就不批准它上市，我就买了过来。我给的价格好，当时应该是1块多钱，我以2.18元买进的。现在一股5块多，还是拆了股的。

同为企业家群体组织泰山研究院成员，史玉柱与四通集团董事长段永基有深达十几年的深厚友谊。购买四通持有股份对史玉柱来说原本就不是太大的问题。

截至 2003 年 6 月 30 日，在华夏银行 29 家股东中，上海健特以持股 5.6%位居第六大股东。

2004 年，上海健特又增持了 2800 万股，进一步扩大了其所占股份份额。

在参股华夏银行后，史玉柱又看上了民生银行股票（600016）。史玉柱购买华夏银行股票时的好运似乎延续了下来，在他计划收购民生银行股票时，股市传出消息。史玉柱说道：

民生银行的大股东想上市，需要剥离非主力资产，有意出让民生银行股份，我就托个朋友找他谈，买了下来。

谈判进行得很顺利，一方面对方急于出售手中的民生股票；另一方面，史玉柱在价格上同样表现出了足够的诚意。

2003 年，上海健特受让北京万通实业股份有限公司 143 亿股民生银行股票，而史玉柱以持股 397%位居第八大股东。其后，史玉柱还有意增持民生银行股票，以获得第七大股东的位置。

对于投资银行，媒体大多揣测史玉柱意图染指金融业，但史玉柱本人则表示对银行的投资纯属财务投资性质。

李嘉诚曾说过，投资首先是要看退出机制通畅不通畅，其次才是看收益高不高——我觉得很对，所以我想寻找的是风险不大、变现能力强的行业。基于这种认识，我投资了银行。

经过失败洗礼之后的史玉柱，投资原则更加明确：宁肯错过一百个项目，也不错投一个项目。

史玉柱认为，银行的盈利模式非常清晰，就是贷款和存款的利息差。

银行的商业模式很清晰，而且稳定。储户存钱，一年给 2%的利息；要贷款，收 6.5%的利息。只要资金量足够大，利润就很高。今天是这样，10 年之后还会是这样。

而且我还不操心，上个月（2006 年 7 月）民生银行改组董事会我才参加，担任个董事，我以前董事会、股东会都不参加，你不用操心稳赚钱多好。

史玉柱称自己连报表都不用看：都是在报纸上看得多。因为它是上市公司要定期公布报表。

人生秘方

　　银行有自己独特的运行模式，投资银行，就是一个稳赚不赔的营销策略。

安全地进行投资

　　史玉柱凭借自己独特的经营模式，短期内赚取了大量的资金。但是史玉柱不会把钱放起来，他要追求最高利润。就在史玉柱账上有 5 亿元现金的时候，他就考虑投资的事情。他想一定要投资到可靠的方向上。

　　安全性是史玉柱投资考虑的一个重要因素。

　　全国性银行不会破产，首先是管的人多，上市银行有证监会管它，银监会管它，股民也在管着它，相对来说它犯错误的概率要小一些。全国银行要真是出问题了，国家要管它，因为牵涉到稳定问题。所以考虑到这几个因素之后我们投资上市银行。上市之后我们的压力会更大。

　　不被人看好的《征途》，到 2007 年 11 月中旬才满三周岁，它在史玉柱的带领下，奇迹般地在高手如云的中国网络游戏市场站稳了脚跟，并且凭借"不走寻常路"的史玉柱经营模式，一举进入中国网游三大巨头的行列。众人瞩目的史玉柱又一次语出惊人："征途要上市，不仅要上市，而且要在美国主板市场上市。"

　　巨人网络的上市，标志着中国本土网游的成功，标志着中国网游得到了世界的认可。

　　据 IDC 公布的数据，中国网络游戏行业最近几年一直高速增长。2006 年中国网络游戏营收为 8.15 亿美元，比 2005 年增长了 3.5%。IDC 预计，2011 年中国网络游戏营收将达到 30 亿美元，相当于 2006~2011 年期间，中国网络游戏营业收入将保持 30.2% 的年均增长速度。

虽然如此，但一个不容忽视的现实是，中国的本土网游尚未壮大。巨大的产业版图上，既有中国本土公司之间日趋激烈的竞争，也有中国公司与外国公司间的利益周旋。在这番错综复杂的角力之中，中国网游产业仍然充满变数。上市是史玉柱人生中的一个大目标，他实现了。那么，他接下来的目标是什么呢？

史玉柱说：我最大的目标还是让公司继续强大，这是我的一个核心目标。

因为"自主研发"，巨人网络的上市，取得了骄人的成绩，史玉柱募集了更多的资金。巨人上市创下了一些"最大"纪录：中国登陆美国最大IPO民营企业；除美国本土外最大IPO的IT企业。

虽然巨人网络成立到现在一直是呈上升势头的，以后还会继续保持快速的上升趋势，但史玉柱认为：我压力最大的还是如何保持高速增长。

创业以来，史玉柱总是会在最成功的时候功成身退，有人问，这次成功上市后会不会再改行做别的项目？史玉柱非常肯定地说："不会的"。

"我们的目标是成为亚洲最大的网络游戏开发和运营商。"巨人网络的招股说明书如此表述其发展目标。

在上市当天的晚上接受采访时，有记者问史玉柱：像您这样经历过大起大落的企业家，您觉得今晚最让您感到难忘的是什么？是您及跟您的团队得到了回报，得到了资本市场的认同？还有您说公司上市之后自己会发展一些业余爱好，现在有没有这样的打算？

史玉柱回答说：现在还没有，我本来有发展业余爱好的想法，但是现在没有了。今天上市，纽交所特别挂了一面中国国旗。在赛场上升国旗，运动员是最开心的，因为说明他完成了任务。我看到国旗后压力很大，因为要保持增长为国争光，就必须少睡觉，牺牲休假，要玩命干。所以，上市之后我们的压力会更大，我本人会更辛苦，我可能没有时间去培养业余爱好了。

关于上市之后巨人集团有什么计划，史玉柱讲道：

我们仍然是以自主研发为主，实施精品战略。我们上市之后会继续加强研发，研发团队会在现在的规模上再增加一倍，我想到明年（2008年）

这个时候可以再增加一倍。我们希望以后还是做精品。第二个，我们现在也在积极的和国外的一些大的制作公司接触，我们会利用中国的销售网络代理一些外国的大作，或者在国外收购一些有好的产品的企业。

史玉柱还说：我们还是有很强的危机感的，为什么呢？因为现在上市的网游是越来越多了，竞争更加激烈。再加上我们现在又变成了最大的（IPO 民营企业）之后，大量瞄准我们的人也就更多了。

我们的确应该有强烈的危机意识。只有强烈的危机意识，才能够不被淘汰。我准备回去之后，星期天当天早上 5 点钟到，再休整休整。晚上开员工大会庆祝。第二天我们手机一律关掉，开始玩命搞研发，我的手机也关掉，带着队伍去搞研发，去拼一下。

人生秘方

我们在事业中，总会遇到这样或那样的问题。它们会给我们造成阻力，也能锻炼我们处变不惊的定力、解决问题的能力和锐意进取的活力。因此，要欢迎问题，而不要逃避问题。每个人的潜能都是无限的，关键是要找到一个能充分发挥潜能的舞台。

投资者看好团队

北京时间 2007 年 11 月 1 日，对于史玉柱来说是一个重要的日子，因为今天巨人网络（NYSE：GA）在纽约证券交易所成功上市。上市开盘价 18.25 美元，比发行价 15.5 美元高出 18%。巨人网络成为美国发行规模最大的中国民企。

巨人网络首次发行获得巨大成功。国际投资机构认购踊跃，国际最大基金公司基本悉数参与认购，认购远远超出发行规模，定价大大高于招股书披露的每股 14 美元定价上限。

经过 IPO 之后，巨人网络成为了国内市值最高的网游公司，据史玉柱透露：

我们应该是在 50 亿美元资金附近，第二名是盛大，应该是 20 亿（美元）；网易今天涨了，应该也差不多 26 或 27 亿美元。

资本市场之所以给了巨人网络那么高的估值，史玉柱认为是因为：

全球投资者是非常挑剔的，对我们有信心才会给高估值。投资人对我们的团队非常有信心，认为我们的团队创造了奇迹，接下来还会创造新的奇迹，包括下一款产品。

在各地路演过程中，史玉柱被国际投资者问的最多的是什么问题？对此，史玉柱说：

团队，关于我本人和我们的团队。所以我觉得基金（公司）买股票，实际上就是买人，看人的价值。

这次路演，全球排名前十位的大基金公司我见了八家，他们大部分都是问我本人和我团队方面的问题。

因而，史玉柱认为"实际上最后募集多少钱，还是要判断人的价值。"

之所以能够获得华尔街投资人的高度认可，史玉柱认为其原因是：

我们的团体过去曾经失败过。因为西方国家对失败不像中国人那样想，中国传统文化有"败为寇"的说法。西方人则认为，只要你是一个创业者，如果你失败过，就会学到东西。

比如，像 10 年前我的那场失败，国人会持否定态度，美国的这些基金公司却非常欣赏。他们觉得正是因为有过这个失败经历，才敢给你投钱。

拥有非常成功的投资案例，包括携程、搜狐、金蝶、易趣、腾讯等在内的 IDG（International Data Group）技术创业投资基金，其全球高级副总裁熊晓鸽说过："IDG 做风险投资公司，做了十来年，取得了不少成功，但也有很多失败的教训。很重要的一点就是，我们过多地看重了产品。市场看得不错，可是把产品看得太重要了，技术看得太重要了，这样往往不太成功。我们投的最成功的公司，最重要的一点是投资团队，如果团队很厉害，最后一定能成功。"

对于投资对象，今日资本总裁徐新曾说："我认为第一重要的是企业家，他是企业的带头人。"她分析，投资的风险是很高的，但如果人选对了，钱给了他，他能够让钱再生出钱来。这是因为，有了好的企业家才能有好的团队，有了好的团队才能有好的企业。

在中国，风险投资最需要有一个好的企业家，第二是团队，第三才是技术。

史玉柱高度的创业热情及其失败后的迅速崛起，无疑是吸引投资者的一个重要原因。

对于管理团队，史玉柱表示上市之后，团队不会出现上市、套现、走人这种情况。他说道：

我觉得我们这次上市后会有21个上亿的富翁，（但）一个（人）都不会走。因为这些人我是了解的，为什么我说不会走呢？

我在最失败的时候，就是1997年的时候，那时候我就觉得，人不图别的，（第一个）就是生活条件的改善，收入的改善；第二个就是个人的价值能不能体现。第一个我觉得我基本是做到了，公司只要赚了钱，这些人也会同步富裕，这个我觉得我是基本做到了。第三个，我能把合适的人放在合适的位置，让每个人能做到最大的发挥，这方面我周围挺多的，再往下一层我就不行了，我说的是我能直接管到的人，就那么二三十个人，我觉得这点我做到了，他们还是斗志昂扬的。像这次陪我来的人，他们都是上亿身价了，你没有感觉到他们回去就不干了，（他们）还是准备回去要大干一场。

对于研发团队，史玉柱很是自豪，他说道：

我们的团队很优秀，真去跟他们接触会发现他们大部分人都不善言辞，搞研发的都不善于言辞。网游所谓的专家应该是那些默不作声的，能出大成果的人才能成为专家。但这个行业的误区就认为经常到处演讲的人是专家，其实真正的专家不是到处演讲。到处演讲的人他不是专家，因为他没有时间去钻研。我觉得我们公司的人都是专家级的人物。

至于上市之后，史玉柱计划怎么去发展研发队伍，史玉柱表示：

继续提高他们的能力。有一部分研发骨干可能除了要提高研发水平之外，还要提高管理水平，首先他们得提高，我也经常拿鞭子抽他们，去提高他们。然后就是还要扩充队伍，我们想回去之后做个计划，我们想在一年之内再扩充 400 个人。

人生秘方

　　团队的吸引力来自于团队内部的合作力、沟通力和信任力的交集。也就是说当一个团队同时具备信任力、合作力和沟通力以及平民文化、快速反应和果断执行的时候，这样的团队才可能吸引更多的投资者。

我这个人不是特别爱钱

　　2008 年 10 月 8 日，《福布斯》全球互联网富豪排行榜中，史玉柱以 28 亿美元的身价列第七位，《福布斯》称他是"最富有的上海居民"。

　　上市成功后，史玉柱也还是过着和以前一样的生活。同时，"我这个人也不是特别爱钱"，却几乎成了史玉柱的口头禅。在巨人网络上市后，他面对媒体的提问，甚至忘记自己到底有多少股份了。

　　史玉柱常说："财富对我来说，只是一个数字。钱就是个工具，能用来投资做事情，与其投资做别的项目，还不如先用钱将我原先未做完的项目给解决了。这样，再做其他事会更踏实一点。"

　　曾有人问他，印象当中，最奢侈的一次消费是什么？他的回答令人们大跌眼镜：

　　"一件西服，花了 1200 美元，还是一个朋友鼓动我买的。至于为什么当时受他鼓动，因为他买了一件 3000 多美金的，一比较当时没觉得贵，回来却心疼了好长时间。"

　　在一次电视节目中，又提起这件事情时，史玉柱坦诚地说，我后悔得要死，觉得买一件这样的衣服太奢侈了。但是，话外音要加以说明的是，这衣服后来史玉柱穿了 5 年。

　　还有人曾问过史玉柱：如果马上给你 100 万元现金，你会做什么？史玉柱首先想到的是要存银行。他说，因为钱存在银行，可以作为自己养老用。

这样一来，就有一个显得比较矛盾的问题了，一方面史玉柱不是很在乎钱，总是穿一身白色运动服或红 T 恤，甚至对下属他也没有提出明确的利润要求。但在外面看来，他所从事的几个成功案例中，总是在追求暴利。

史玉柱面对这个问题时解释说："作为一个企业，对社会贡献最大的就是创造利润、纳税。企业亏损是要危害社会的，我的企业曾危害过社会，不能再危害，所以利润是很重要的。"

从本质上来说，也许史玉柱真的不是一个特别渴望金钱的人。

2001 年在上海，史玉柱租了一间房子，1000 块钱一个月，连保姆也没有请，吃饭就在公司。员工到对面马路边的饭摊吃饭，就给他带一份回来。在上海几年，史玉柱什么地方都没去过，只有一次去金茂大厦吃了一顿饭，那是为了陪客人。

史玉柱个人对账面的数字比较麻木。现在，史玉柱身上基本不带现金，他的消费基本都是他的随从在支付。可以说，从他身上，看不出任何"中产阶级的奢侈消费"。

曾经担任巨人集团副总裁的王建在《谁为晚餐买单》一书中这样描绘史玉柱："其实史玉柱是个不太有野心的人，他大学毕业后回到家乡的县城，并在不到男性晚婚年龄时经人介绍结婚。"

2005 年 4 月 8 日，史玉柱在为《征途》网络游戏大造舆论声势的时候，他也曾对 130 家媒体大谈"对于我来说，能不能赚到钱我并不在乎，我更在乎能不能给中国玩家提供一个真正的好游戏"。于是，又有很多人大骂史玉柱的"假话"。

可是，这句看上去很"假"的话里，实际上也暗藏着这样的逻辑：如果真的能给中国玩家提供一个真正的好游戏，那还怕赚不了钱吗？

有人总结说，这个世界上有两种赚钱状态，一种是心里想着钱，一种是一心想干一件事业。只要事业成功，钱是自然而然的。显然，史玉柱是后者。

纵观史玉柱的沉浮史，我们也有理由相信，他的话也许是真的，这个早年还拖有极大的理想主义色彩的理工科学生，显然是越来越"拿得起，放得下"。

人生秘方

商人的本质是追求利益，这不假，但是赚钱求利一定要明明白白。不合法的钱不赚，违背仁义的生意不做。钱就是个工具，不要看得太重。作企业，对社会贡献最大的就是创造利润、纳税。

赌徒幌子的背后

对于史玉柱的商业传奇，外界不约而同地用到了跟赌博有关的词，如"豪赌"和"下注"等于是就有人问史玉柱说，你的性格里面有着"超乎寻常的豪赌天性"？史玉柱肯定地回答说：过去有。现在也还有。赌，单纯说好和坏我觉得不能那么看。赌，你不能拿自己身家性命去赌，那你就彻底完蛋了。可作为一个企业，一点不冒险，按部就班地发展，也不行。赌看怎么赌法，我觉得我以后，说我一点不赌了，不可能的。但是我不会拿身家性命去赌。

纵观中国改革开放后的近 30 年间，中国商人的创业史上，似乎没有人能与史玉柱比肩。自"下海"伊始，从巨人汉卡的创业成功到中国负债最多的人再到脑白金、黄金搭档的卷土重来，出手网游《征途》的第三次创业，史玉柱传奇式的大起大落、大落又大起，他令世人震惊的创业眼光和韧性，让他赚得盆满钵溢。

这种种"奇迹"也许让人们不禁要问，如果他不是赌徒，肯定不会有如此强大的心理承受能力，但如果真是赌徒，那他的手气也确实好得令人难以置信了吧？

对此，史玉柱自己是这么评价的："赌徒只是幌子，而投资效率才是我的真正追求。"

如此说来，市场里最热的那个行当，最容易获利的那个行当，或许就是史玉柱的下一个投资目标。至此，人们也就不难理解，为什么史玉柱总是在追逐所谓的暴利行业。

2003年12月，四通电子斥资12亿元收购了上海健特公司拥有的脑白金及黄金搭档相关的知识产权及营销网络。四通电子随即更名为四通控股，史玉柱出任总裁。通过和史玉柱的合作，四通控股实现了转型。史玉柱带来的保健产品脑白金和黄金搭档利润高达四通控股的80%。而史玉柱经此一役，一举解决了长期困扰自己的融资渠道的问题。

由此事不难看出，史玉柱本人已经不再只是靠出众的营销手段做保健品的商人，他初步实现了向投资家的过渡。

史玉柱把拥有极大知名度，可谓妇孺皆知的保健产品脑白金和黄金搭档卖掉，改为投资新兴的网络游戏，这又是一次让人们咂舌的"豪赌"。生活中一个赌徒在一次获利后决不会轻易收手，只会一条道走到黑，尤其是赢钱之后只会继续押下去，输了就背水一战，而我们的主角史玉柱，深深懂得，何时出手，何时收手。

人生秘方

有一句话说得好："胜败乃兵家常事。"这其中的道理很好理解，在实践中要做到看开胜负，看淡得失，看远未来，却非易事。很多人一朝失败，就变得胆小怕事，不敢继续尝试，这就错过了再次获胜的机会。所以，人生成功的要点，就是失败后再试一次。任何事情没有必然就没有偶然，所以作为一个企业，不管运作什么模式，只要你是认真做事的，就有机会成为状元。

就象征性地给一元钱吧

2004年8月3日，四通集团董事长段永基宣布将正式任命史玉柱为四通控股 CEO，并且于 8 月 12 日正式上任。

2004 年 8 月 10 日，史玉柱前往香港，出席专门为他而召开的新闻发布会。

在 2002 年史玉柱刚刚还清负债的时候，段永基曾对史玉柱说："你又有资格犯错误了！"两年后的 8 月 12 日，史玉柱在香港接受四通控股 CEO 之位时戏言："这又给了他许多机会。"

四通控股花 12 亿元买下脑白金后，段永基就为此埋下伏笔，双方在私下达成协议，史玉柱不能兼任其它职位，为四通打工几年。为了走好这步棋，段永基在合同安排上把债券分为 A、B、C 三部分，这三部分分别兑换四通控股股份的时间为 12 个月、15 个月、27 个月，这些条款细节上的商定可以看作是双方对合作的诚意。

2004 年 3 月，四通电子以 6 亿港元现金加 5.7 亿元可转债券的代价，收购了脑白金和黄金搭档的股权后，更名为四通控股。

四通这一次大手笔的资本运作当然有其附加的条件：史玉柱必须要保证黄金搭档生物科技的经营业绩，具体来说，就是除去税和少数股东权益后的利润，第一年不少于 9000 万元人民币，第二年不少于 17000 万元人民币，第三年也不少于 17000 万元人民币。如果达不到这个业绩，就要按照一定比例对四通电子进行赔偿。此外，史玉柱在 5 年内不能做与脑白金、黄金搭档有竞争性的产品。

早在 2004 年 5 月 16 日，史玉柱以四通的一员的身份参加四通集团成立 20 周年庆典。在谈到与巨人投资公司史玉柱的合作时，段永基说："史玉柱是四通最真挚和最伟大的朋友。"

有道是"强强联手，强者恒强。"在外界看来，段永基的资本玩法和史玉柱的市场手段组合在一起，是一个不错的选择。

史玉柱在四通是"一元钱"年薪，但他说："我不在乎薪水，在乎把业务做好。如果有进一步的购并，我的股份还会上升。至今，我与董事会未谈到薪水问题。一次在提到这个问题时，我说过就象征性地给一元钱吧，要等业绩出来后再谈。"

史玉柱走马上任，出任四通 CEO，一切顺理成章。史玉柱出任四通控股 CEO，说明了两个问题：一是脑白金和黄金搭档的运作离不开史玉柱，只有他才能控制得了全局；二是段永基名为收购，但实质上同史玉柱之间更像是合作关系。

实际上，在收购之后，段永基对黄金搭档公司的人事原封未动，依旧是史玉柱的原班人马——当然，这批人也就是上海健特的班子，从一开始，上海健特和黄金搭档公司就是一套班子，两块牌子。

据悉，合并后的四通新董事会将有 6 位执行董事，执行董事段永基、陈晓涛、沈国钧和张迪生，均为四通老臣；史玉柱与上海黄金搭档生物科技有限公司总经理刘伟是新任执行董事。

"新四通"高层主要分工确立为，段永基负责资本运作及公共关系；史玉柱负责生命健康产业；陈晓涛协助段负责 IT 产业；刘伟协助史负责保健产业；张迪生负责财务；沈国钧暂不分管具体事务。

对于董事会成员比例，史玉柱认为："理想的比例是 3 票对 3 票，希望有一天会实现。我们不是上下级关系，而是合作关系。决策时由我提方案，段总批准。"而段永基对此问题的回应是："我说过，关起门来可以拍桌子打板凳，对外只能有一个声音。我很欣赏史玉柱在几个月前对员工说过的话——从现在起，你自己要忘记你是四通的还是巨人的。"

在合作中，段永基坚定地相信史玉柱的人格。毕竟，他买来的脑白金和黄金搭档要想变成真金白银，还需要史玉柱和他的团队来具体操作；毕竟，赚钱的项目易找，可以信赖的合作者难寻。这一次交易绝对是建立在双赢基础上。在段永基一方，固然因为购入脑白金和黄金搭档这两个产品的知识产权和销售网络，从而享有这两个产品截至目前还算丰厚的利润。

上海黄金搭档生物科技有限公司的新闻发言人汤敏女士曾说："公司目前在全国拥有 36 个省级分支机构，128 家地级办事处以及 1800 多个县级代表处，覆盖了除西藏外的所有省、区、市，在经济发达地区已深入到县、乡、镇，在全国范围与其长期合作的一级代理商有 2900 多家，销售终端达 29 万多个。而四通电子看中的恰恰就是黄金搭档这张网络后的'钱'景。"

对史玉柱一方来说，收购完成后，在脑白金和黄金搭档的整个价值链中，生产加工的这块仍然在史玉柱透过上海华馨控股的上市公司青岛健特生物手里；由于只出售了黄金搭档公司 75% 的股权给四通，史玉柱仍然可以享有 25% 的收益，但广告费用的大头可以转移到上市公司来承担。脑白金和黄金搭档的销售额不仅是依靠广告投入，史玉柱的销售网络也是关键的一个环节。四通可以买下黄金搭档公司的股份，但是不可能重塑一个销售网络，这个网络最终还是需要由史玉柱来亲自掌控。

人生秘方

在商场上，单打独斗是不会那么容易成功的。精明的商人要的是合作，是如何跟同行搞好关系，赢得别人的敬仰和信赖。能不能真正为同行着想，这是能不能给自己减少敌对关系，得到商业朋友支持与信任的关键。合作必须是多赢的，多赢才能长久。

第十一章

失败教训：失败其实也是一种成功

一个人只有在低谷的时候才能学到东西，所以那段低谷的经历基本上成为我后面做事时衡量该不该做、如何做的一把尺子。

我是一个著名的失败者

进过多年的商海沉浮，史玉柱也慢慢地成熟起来，他收敛了年轻时的狂傲不羁。向大众展示出成熟的一面："高峰期的体会，现在看来都很荒唐。有了这样一次经历，如果我以后再出什么岔子，大概也不会跌这么大的跤。"

再之后，每谈到自己的成功，史玉柱总会说，"我的成功并非偶然。巨人的成功，首先是在保健品领域的成功（脑黄金、脑白金、黄金搭档），然后是投资民生银行和华夏银行的成功，一直到今天巨人网络的成功。当初的失败是一笔财富，没有那一段的失败不会有今天。"

在刚刚复出的那段时间里，史玉柱曾自嘲说，自己是一个著名的失败者。

曾经的一段时间里，史玉柱也觉得自己当初败得有点冤枉：应收款远多于欠款，而且当时自己已经觉察到了危险并开始着手解决，并不是没有避开这一灾难的机会。

现在，经过十年的磨炼之后，这位著名的失败者彻底清算了自己过去的理念。他说："我觉得我人生中最宝贵的财富就是那段永远也无法忘记的刻骨铭心的经历。"即使摔得再重，史玉柱也从来没有对自己重新崛起而丧失信心。

"我过去心里特别自信，现在不是那样了。我变得老是怀疑自己，但骨子里的确自信。""我只想做一二名。"

一帆风顺时，能够永久地持有自信难，而在历经失败挫折之后仍能坚守自信则难上加难。

成功、失败、再成功、再失败、最后再成功，命运仿佛一直在开史玉柱的玩笑，但史玉柱没有在失败和磨难中放弃自己，因为他始终坚守自信，因为他要做自己命运的主人。

即使是开辟新战场，进军网游业，做网络游戏，史玉柱还是显然有着充分的自信。在《征途》刚刚起步时，史玉柱就定好了到纳斯达克上市的目标。并自信地宣称："《征途》内测至今已经基本定型，绝对是中国最好玩的游戏。"

面对网游界的"龙头"盛大，史玉柱也表达了他的自信："盛大宣称免费网游对自己并不存在什么冲击，也无所谓应对措施，因为未来网游的主流模式必然是免费。"

对于智者，失败是财富，是后一次成功的养料，关键在于是否善于挖掘制胜的源泉。这是一个逆向思维的过程。如何实现这一步，必须有卓越的远见、超人的勇气以及坚强的毅力。

巨人虽然曾经倒下了，然而巨人是倒而未死的巨人。史玉柱将早期的创业豪赌精神抛弃，最终转化为成熟的企业家心态。

巨人的永不服输，巨人的东山再起，史玉柱用自己在商海的沉浮生动地总结出这样一条商理——"不怕失败，只怕放弃。"

我们由史玉柱这位不倒的"巨人"身上所总结出来的商理，对于正面临失败考验的大批中国新兴企业，对于所有在市场经济浪潮中打拼、奋斗的企业家群体都将是最有效的帮助。

打破了，方见真空，大落后，才有大起，这中间，让史玉柱更加深刻地认识了生活。对于如何面对失败，史玉柱最有发言权。

人生秘方

　　企业的主人，就像一船之长，决策即是航向，任何失误，都可能把航船引向倾覆。人要真正成熟，就要磨炼自己的性格，要在世俗中跌打滚爬把自己的所学融为智慧。从头再来未必是坏事，暂时的失败并不能代表永远的失利，选择了就要坚持下去。

教训能够使人成熟

宏基集团创始人施振荣说过："宏基有一个特点，就是允许犯错，因为我们认为，认输才会赢。"而史玉柱说："作为我们曾经失败过，至少有过失败经历的人，应该经常从里面学点东西。人在成功的时候是学不到东西的，人在顺境的时候，在成功的时候，沉不下心来，总结的东西自然是很虚的东西。只有失败的时候，总结的教训才是深刻的，才是真的。"

对过去成功的经验再好好总结总结，尤其是对失败的教训，夜里面夜深人静的时候你仔细想一想。反正睡觉也想，想一想实际上对你有很大收获比你看书更有用。因为有的书离你远，那是看自己过去写的东西。

四通集团的段永基有句话说得特别好，他说成功经验的总结多是曲折的，失败教训的总结才是正确的。

自我反省的过程是痛苦的，但对于你未来的事业是必要的，而且是充分必要的。

2001 年 2 月 24 日，史玉柱在"中国民营科技企业新世纪高峰论坛"上，称自己是"一个著名的失败者"，并剖析了"巨人"的四大内伤：

一、投资的失误

一个企业最终走入困境很少是操作层面的原因，最大的失败或者说对企业损害最大的，是它做了不该做的事。

做企业就要进行投资，这时，国外企业往往花总投资的百分之几进行可行性论证。但巨人集团过去的投资过于草率，做了大量自己不该做的事，形成了巨大的"窟窿"，最终导致巨人因资金周转不灵而陷入停滞状态。

因此，我们今后再进行投资时，就重点把握这样几个原则。

1. 投资领域是不是朝阳产业，不是不做。

2. 对投资行业熟不熟悉，不熟不做。

3. 在新项目中，自己干部队伍的特长能不能发挥出来，发挥不出来也不做。

4. 一旦发现投资失误的苗头，当机立断，损失再大也要砍掉。

所以到后来，当有人问史玉柱珠海的巨人大厦还盖不盖时，史玉柱回答说，我内心来讲很想盖，实际上我在几年前就有这个能力盖了。但我给自己定一个规定．不该自己做的事不做。现在我给自己定的方案：不做房地产，再赚钱也不做。

二、资金结构的失误

一方面是资金的流动性太差。过去巨人的资金要么是办公楼、巨人大厦，要么就是债权。这样，一旦出现问题，抗风险能力特别弱。这启示我们，除了主营业务之外，还持有一些债券、上市公司股权等，这样变现能力特别强。

另一方面是应收款或者说债权过大。巨人没有停止没有休克时，这部分是资产，一旦出现意外，这部分就变成零了。

三、管理的失误

我们突出的问题：一是责、权、利不配套。以前，我在大会小会上也经常讲这个，但实际上并没有做到，最终还是停留在口号上。比如我们的分公司经理，开始权力很大；后来被缩得很小，要请客都得发个传真到总部批准，但同时责任却很大，要做市场，要完成多少销售额。责、权、利不协调，不配套，最终导致了管理失控。二是货款管理混乱。由于一些企业的信用不好和管理混乱，烂账率比较高。当巨人危机到来的时候，一度只差 2000 万元资金周转就能渡过一关，可当时未到的货款竟高达 3 亿元。三是抓管理面面俱到，没有重点。巨人过去的规章制度很全，从营销、策划、质量管理到统计报表怎么做，无一遗漏，加起来能有一尺厚。面面俱到的管理，理论上可以，实际上根本做不到，不过这一点我当时没有意识到，最终导致巨人的管理流于形式。

四、企业文化的失误

企业文化应当是管理的组成部分，除了正常的制度管理，企业中存在的不良风气、氛围，等等，要靠企业文化进行补充、约束和引导，以推动企业稳定、健康、持续发展。当时，虽然巨人提出了"要做东方巨人"的文化理念，但停留于空洞的口号，在具体做事的时候还是存在许多不好的"气氛"，暴露出许多问题。

人生秘方

> 不推卸责任，勇于承担责任，对个人、企业或组织都非常重要。
> 面对任何不顺或是逆境，能够从自己身上找原因。

很高的目标是可怕的

管理学之父彼得·德鲁克关于目标的作用有过这么一句经典的话："目标不是命运，是方向；不是命令，是责任；不能决定未来，是动员企业的资源和能量以取得未来成功的手段。"

但是，如何制定目标又是一门很深的学问。德鲁克认为："目前快速成长的公司，就是未来问题成堆的公司，很少有例外，合理的成长目标应该是一个经济成就目标，而不只是一个体积目标。"

他说，如果企业每年都以10%的速度增长，很快就会耗尽整个世界的资源，而且长时期保持高速增长也决不是一种健康的现象。它使得企业极为脆弱，与予以适当管理的企业相比，它（快速成长的公司）有着紧张、脆弱以及隐藏的问题，以致一有风吹草动，就会酿成重大危机。

经过挫折之后，史玉柱已然明白了这一点：巨人以前的企业文化非常不对，10年前总提很多口号，比如"我要做中国第一大"，等等，本来是想激励员工，事实上最后（却）把自己也给骗了，自己都以为自己就是老大了。

史玉柱当时的做法是"对自己任何一个时间都定了一个目标，一个很宏伟的收入目标"。

史玉柱认为：企业有几种，一是安定的；二是追求眼前利润的；三是追求长期利润的；四是既追求短期利润又追求社会效益和规模效应，这种企业是三者相互推动，社会效益和经济效益存在着必然的联系。

史玉柱心目中的巨人集团，应该是第四种企业。为了达到这个目标，史玉柱专门制订了一个"百亿计划"：要求1996年产值达到50个亿，

1997 年完成 100 个亿。一年一大步，一年上一个新台阶。而此前史玉柱的目标是"2000 年达到企业资产超过百亿元"。

为了配合"百亿计划"，史玉柱在 1995 年又启动"三级火箭"计划，把 12 种保健品、10 种药品、十几款软件一起推向市场，投放广告 1 个亿。提出要在一个很短的时间里把企业迅速做大，超过首钢和宝钢。之后又发起"三大战役"，可谓远大，声势造得是轰轰烈烈。

因为"三级火箭"理论和巨人集团的现有资源上，史玉柱没有把握住均衡，目标与现实之间的差距实在是太远。过度地追求目标，以求快速地发展，在刚学会走的时候，就想要跑，其结果就只能是跌倒。

史玉柱说：巨人集团的产值目标可谓大矣：1995 年 10 亿元，1996 年 50 亿元，1997 年 100 亿元。然而目标越大风险越大，如果不经过科学的分析论证，没有必要的组织保证，那么结果必然（是）损失惨重。

史玉柱后来发现定很高的目标是很可怕的，必然会违背经济规律，会让自己浮躁，让企业大跃进。回过头想想，巨人那几年确实乱得很。现在就没有那么大的口号了，目标就是把能够影响结果的每件事情做到最扎实、最透，把最下面的事情做到最好，公司不定定量的指标，把工作做到最好就行了，从过去这两个公司的成功来看，这样的方法的确是最有效的，结果往往（也）最好。

现在，史玉柱不再把资产、销售额、利润作为他的目标。他现在的原则是：定性而不定量。将一个目标分解成很多的决定性因素，一件一件地去解决。

他说：把每件事做好。比如网游，影响网游这个项目能不能成功的因素，我分析了有以下十几个环节，从策划、研发、美术、运营、售后服务、分公司建设、管理、对外宣传，我的目标是把所有环节都做到极致。

巨人现在不给自己定战略目标，我觉得制定目标对企业反而是件坏事。因为定了长远的目标就要不断分解到每年的任务上，如果定得不高无所谓。太高则会打乱原先的计划，形成欲速则不达的局面。战略上不考虑，但在战术上每件事都要做好，比如投入产出比，我们追求的是最大化。企业发展能做多大就多大，听天由命，不必强求。

在《赢在中国》节目中，史玉柱对某位参赛选手提出了建议：你不要提成为中国第一这个口号，提这样一个口号实际上对一个刚起步的企业来说，某种程度上不是好事。我过去也提过这个口号，当时我说我要做中国的第一，但最后我摔得很惨。

现在，回过头来看，那个东西是虚的。你一旦提了这个口号，就会有一些不切实际、原本也不应该有的压力。我害就害在很虚的口号上面，我给自己莫名其妙地背上了包袱。对你来说，把眼前该做的做好，比如科研、生产、销售等方面做好，做得比别人强，到时中国第一自然是你的，跑也跑不掉。即使你哪天第一了，也要让别人去说，自己心里也坚决不能真把自己当成第一。

人生秘方

一个没有犯过错误的企业，不能算是一个成熟的企业。不切实际的目标带给企业的坏处远远大于没有目标。

搞多元化百分之百失败

在 1997 年前，步步高电子公司老板段永平曾给过史玉柱忠告：做企业犹如高台跳水，动作越少越安全。

但是，那个时候的史玉柱正处于多元化的冒进当中，自然很难明白段永平话中的意味，在摔了一跤之后，史玉柱突然觉得自己明白过来了。

"在中国，多元化的企业除了复星之外，成功的没几个，搞多元化百分之百失败。中国企业家 10 年前的最大挑战在于占据机遇、把握机遇。随着这 10 年来经济法制的进一步规范，使得各行业进入白热化的竞争，所以现在企业家的最大挑战在于是否能够拒绝诱惑。以前各行业竞争不激烈，你什么也不懂，但只要你进去别人没进去，你就很容易赚到钱。现在竞争激烈了，专业化是非常必要的。但是我们许多民营企业还是沿用过去的思维，即便现在我也有这种认识，但有几次我也没忍住，把投资报告提交给（决策）委员会，都被枪毙了。专业化不仅对中国企业适用，全球行业的发展趋势肯定也是走专业化道路。"

对于当时违背经济规律的做法，史玉柱认为是由于盲目多元化经验造成的。他分析说：

比如巨人汉卡，巨人汉卡确实做得不错，做得很好，销售额也很大，利润也很可观，在同行业里面已经算是佼佼者了。但是很快我们就以为自己做什么都行，所以我们就去盖了房子，搞了药，又搞了保健品。保健品脑黄金还是成功的，但是脑黄金一成功，我们一下子搞了 12 个保健品。然后软件又搞了很多，又搞了服装。

不过，在史玉柱四处出击的时候，大多数中国企业也在多元化的道路上进行尝试，在那个时候，多元化是一个潮流。与史玉柱同时期，同是保健品行业，同样迅速崛起的太阳神，也是因为没有抵挡住诱惑，进行多元化扩张后而快速倒塌。

珠海巨人的失败教训以及所有进行过多元化扩张并最终失败的企业都给了史玉柱一个警告：那就是盲目进行多元化扩张必将元气大伤。史玉柱后来反思说：

中国民营企业面临最大的挑战不是发现机会的能力，而是领导者的知识面、团队的精力、企业的财力问题。现在各领域的竞争都是白热化，企业只有集中精力，形成核心竞争力才能立足，否则就会一夜间玩完。

巨人集团的崛起与失败，作为一个中国当代商业史上的经典案例，已经被解析了无数遍。每一次解析，都会讨论到一个问题：多元化。相当多的分析评论都将巨人集团的失败归咎于多元化。

时间长了，似乎多元化成了中国企业的一个杀手，出现了"多元化必败"论。史玉柱自己也这么看，而且这个看法保持了很多年，一直到 2005 年，史玉柱在乌鲁木齐参加一个"民营科技企业发展论坛"，发言时还痛陈多元化的危害。

他讲道："民营企业取得初步成功后，无一例外都实行多元化，这是我首先反对的。我本人就是多元化的受害者。1995 年，巨人集团如果不搞多元化，我的日子会好过得多。……为什么我反对多元化？一个人、一个团队的精力有限，知识面和资金也有限，而企业家周围的机会无穷多。每个行业竞争都很激烈，别人在做的东西，我去做，肯定失败。所以，就只能集中最多的力量，发挥自己的核心竞争力。只有这样，你才能立足。"

他断言：凡是鼓吹自己多元化的，三年，就会经营困难，不过五年，就会玩完。民营企业面临的最大问题，不在于有没有发现机会的能力，而在于能不能抗拒各种机会的诱惑。

"中国企业的机会太多，丢掉一个机会不可怕，但是投错一个项目，企业就要伤元气，就要玩完。投资失误是企业最大的浪费。我现在知道了我从前盲目多元化的毛病，所以我定了规则：所有的投资项目，都由投资委员会投票决定了，个人中我只占一票，票数过半才继续论证，绝大多数同意才开始运作。"

人生秘方

> 每个行业竞争都很激烈，所以要集中最大的力量，发挥自己的核心竞争力。一个人、一个团队的精力有限，知识面和资金也有限，而企业家周围的机会无穷多。别人在做的东西，我去做，肯定失败。所以，做事业必须集中精神物力财力先把一件事做好，只有这样，你才能立足。

抵挡机会的诱惑

一个公司在两种情况下最容易犯错误，第一是有太多钱的时候，第二是面对太多机会的时候。

在巨人出事之前，步步高电子公司老板段永平就曾给过史玉柱忠告：做企业犹如高台跳水，动作越少越安全。但是当时的史玉柱根本听不进去。

现在，史玉柱变得越来越胆小了，他不再轻易做无谓的冒险。曾经失败的经历使得他有着强烈的危机感。

他说，那一跤摔得太狠，太刻骨铭心，后来就有了一个信条：宁可错过100个机会，不可投错一个项目。这跟史玉柱过去的思路是完全不一样的，过去是绝不放过任何一个机会。

史玉柱对参加《赢在中国》的选手说，手里现金多的时候，不要花心，要专一。这正是他自己总结出来的教训。

在近11年的时间里，史玉柱只做了三件事：做保健品、买银行股票、做网游。

而在保健品当中，几年时间只做了脑白金一个产品。出于谨慎的考虑，很早就研制出的黄金搭档，直到2002年才最终被推出。如今，史玉柱手里仍有十几个新产品，但他一直不肯推出去，因为没有必胜的把握。

随着史玉柱的事业越做越大，手中的现金越来越多，因而，很多人也希望史玉柱去扮演风险投资家的角色。

对此，史玉柱表示：如果有好的我愿意投，我们不怕花钱多，但要控制项目的风险。

史玉柱发起的企业家群体组织泰山研究院成员当中，史玉柱属于当中的最年轻者之一，但却也是其中公认最保守的。史玉柱自己也承认自己的策略不是保守，而是非常保守。

现在，史玉柱在巨人投资公司内部建立了投资决策委员会。这主要是为了保证自己不至于因为一时的头脑发热而酿成大祸，提名的项目是否可行需要投票决定。几年下来，虽然汽车、手机等很多富有诱惑力的机会都出现过，但均被决策委员会拒之门外。

国内某家汽车公司转让股份，找到了史玉柱。史玉柱也动心了，但遭到决策委员会的拒绝。史玉柱曾对手机行业动心，希望能收购国内的某家手机企业，最终也被决策委员会否决。

正如史玉柱所说：中国现在的机会太多了，你不用去找机会，机会都会自动找上门。

企业家最大的挑战在于是否能抵挡住诱惑。

史玉柱认为，正是这两次拒绝让他免去了再次翻船的可能，汽车行业投资过大，竞争激烈也充满变数；手机行业也很快行情大变。

在投资网络游戏之前，史玉柱有近两年的时间基本上没有什么新动作，一直在等待合适的机会。巨人网络成功上市后，媒体对总是功成身退的史玉柱会不会改行做别的项目颇为关心，对此，史玉柱的回应很坚决：

不会。我是做 IT 出身的，我最早是程序员。现在回到 IT 了，是回娘家了，这是求之不得的。

此外，我本人特别爱玩游戏，我的工作主要是玩游戏，没有几个老板像我这样的。我会充分利用这一点（的）。我终于找到自己的归宿了，感觉很好。将来退休了我也会继续玩游戏。

史玉柱宣布将从脑白金和黄金搭档的管理中退出来，以便把更多的时间投入到巨人网络中。2007 年，曾有人问史玉柱："您下半辈子都献身网游了，但您过去十几年涉足了那么多领域，肯定也看到了很多诱惑，现在说这个话会不会为时过早？"

史玉柱回答：11 年前我胆子确实很大，但今年 45 岁了，从那次摔跤之后一直没什么冲劲。现在像我们企业这种规模的，哪个企业不是到处投资。我认识几十个朋友，都在到处投资。我近几年一直反对多元化，这说明我胆小。我有个企业家朋友圈评谁的胆子最小，我是第一名。

在史玉柱身边的人，注意到一个有意思的细节是，在运作脑白金之前，史玉柱是习惯自己开车，让驾驶员坐在一边，他想开快车就开快车，想开慢车就开慢车。到后来，史玉柱是让司机开车，自己坐在一边，享受别人驾驶的乐趣。

现在的史玉柱终于可以底气十足地说：过去 10 年，我抵挡住了诱惑。

人生秘方

人贵有自知之明。自知之"贵"缘于稀有，知易行难。洞察自我，为所可为，抵御诱惑，勇于放弃，此乃成功之道也。经验是宝贵的财富，但经验主义则是祸害之源。

我对媒体敬而远之

又一位名人说过：媒体是一把双刃剑，他会把你推向云端，也会把你踩到脚下。史玉柱尝过它的甜头也吃过它的苦头。正所谓没有永远的朋友，没有永远的敌人，只有永远的利益。疏远媒体是因为利益，为了利益，史玉柱也会动用媒体。

史玉柱东山再起后回忆起当时的情景时说，平心而论，至今，我看到记者还会挺害怕。我不怕别人骂我史玉柱，你随便骂我个人什么都可以，但就是不能骂我的公司和产品。

史玉柱说起媒体这个"老冤家"时，最多的就是无奈，他表示："就是平时没事绝对不主动对媒体多说，但如果接受采访了，媒体问什么我就老老实实地回答。"

在总结巨人集团经验教训的时候，史玉柱表示："巨人陷入困境，巨人倒下的根源在我本人，不在媒体。但媒体的作用很坏。本来我病了，不至于休克，还能活一段时间，甚至还能复苏。但媒体把我搞休克了。如果媒体晚搞我们两三个月，我们不会死，本来也是有机会的。"

可以说，1997 年的巨人大厦危机，让史玉柱对媒体几乎绝望。他说："我原计划 1997 年好好做市场，打个翻身仗，但'巨人风波'一起，各地报纸一转载，说巨人差不多倒闭了，产品没人敢买了，这下子问题大了。……'媒体扼住了我们的呼吸。'"的确，媒体给了当时的史玉柱致命一击。

虽然吃过媒体的苦头，可是要想做一番大事业，就绝对离不开媒体的宣传。不能断绝关系，那就退避三舍，敬而远之。

从 1997 年巨人大厦资金紧张时深圳一家媒体的"雪上加霜"，到 2001 年《脑白金真相调查》的"蓄意中伤"，因此，即便史玉柱还债在媒体上大肆曝光的时候，他也小心翼翼地回避着媒体的目光。

史玉柱总结出来的对付媒体的利器就是隐身。商海中的浮浮沉沉，给史玉柱带来了许多伤痕，可也养成了他韬晦的性格。南方网是这样描述的：他想成为巨人，但又保护自己不被攻击，因此，史玉柱选择了隐身。套现？作秀？炒作新产品"黄金搭档"？尽管媒体的各种猜测、质疑满天飞，但始终都找不到史玉柱本人出来讲话。看来，媒体不能期望一个曾被媒体"伤害"的人对媒体讲太多话。

2002 年 11 月 24 日，史玉柱将脑白金商标使用权以 1.46 亿元转让之后，对媒体选择了绝对沉默。据当时的媒体报道，有关史玉柱的一切采访几乎全由副总经理刘伟"挡驾"。上海健特一员工告诉媒体，现在要当面采访史玉柱，除了中央少数媒体外，几乎是不可能的。

2006 年的春天，史玉柱步履轻盈地踏上《征途》之后，频频高调接受媒体采访。然而但凡涉及公司股权变更等重要问题，史玉柱便三缄其口："这些问题不好谈，说多了证监会要来找麻烦。"

但是，我们不难发现，相比之下，史玉柱更加愿意和你探讨《征途》为什么是"中国最好的网络游戏"，他可以给你总结出第一、第二、第三。

现在，聪慧的史玉柱已经知道什么时候要抱紧媒体，依靠媒体打响品牌仗；也知道什么时候应该对媒体退避三舍，敬而远之。

人生秘方

　　企业平时应与媒体建立良性和谐的关系，遇到危机时"以不变应万变""沉默是金"不是解决的金玉良言，诚信为本、积极主动是企业取得媒体和公众的信任，把握舆论主动权的基础。